HEART
心|視野

HEART
心視野

我決定，生活裡只留下對的人

動手處理消耗你的人，擺脫煩雜忙的互動，
過你想過的理想人生

楊嘉玲——著

目錄
CONTENTS

目錄
CONTENTS

目錄
CONTENTS

第17章 道別，迎向另一個起點 168

目錄
CONTENTS

前言——親愛的，請不要再那麼努力了

從事諮商和溝通教育多年，一直以來我都在幫助人們，修復關係在心中留下來的傷痕。無論是協助當事人覺察自己的表達方式、提升社交溝通能力、回溯童年的成長經驗、宣洩內在的情緒能量，抑或是正向詮釋生命經驗等，不管哪一種學派法門，背後都有一個潛在的假設是：

當事人之所以會遭遇關係難題，必定是因為他的內在欠缺某能技巧，或尚未跨越某種情結，以至於他無法和眼前的人創造好的互動與連結。只要能夠找到並補上這個關鍵點，問題就會消失。**也就是說，他必須透過自身的努力，以克服當前的困境。**

這樣的說法，非常受大眾歡迎，畢竟這整個社會訴求一種自立自強的態度，期待每個人都能承擔責任，做自己生命的英雄。只要惡魔沒被打倒，就是自己能力不足，要不斷的修煉等級、加強配備，只要不放棄，最後一定可以打怪成功。

但真的是這樣嗎？這世上所有的難題都一定有解藥嗎？

我曾經遇到一位非常的優秀女性，她為了改善母女關係，投資了許多時間和金錢上了不少課程。認識她的人都覺得她善體人意，很懂得為人著想，沒有什麼事情是她協調不來的。但她心中一直有個遺憾是，無法好好跟母親和平共處，每回母女相見總是劍拔弩張，母親一直數落她的不是。她不斷的調整自己，以符合母親的期待，卻總是徒勞無功。

我們花了不少的時間討論，都找不到改善關係的癥結點。某次，在一個沮喪的嘆息聲後，我很直接的問她：「撇開母親不談，妳的生命還有什麼讓妳覺得不足的嗎？」

她第一時間愣住，吸了一大口氣後說：「如果我沒有這個母親，我應該會覺得自己是一個很幸福的人。我已經擁有想得到的一切了。」

接著，我又再問她：「這麼長時間以來，妳一直很想修復母女關係，但妳有想過，妳的母親是否有和妳同樣的意願嗎？尋求一個和諧關愛的家庭，真的是她在乎的嗎？」

她睜大眼睛看著我，彷彿我說的是外星語。沉默了好一段時間後，才幽幽開口：「我從沒想過，我一直以為媽媽都應該是愛孩子的。但你說得對，或許她並不渴望親近，沒有我的生活，她並不可憐。她有自己的興趣和重心，我的介入反而是一種干擾。是我強迫她登台，和我演一齣美滿家庭的大戲，卻還怪她演得不到位。」

「這不是妳的錯，是我們這整個社會對關係和諧，有一種莫名的強迫症。認為只要關係有裂痕，都應該要盡力去修補、坦承過失、取得原諒。不願意承認遺憾，才是關係中最常見的結局。」

那次晤談，給我和當事人都留下非常深刻的印象。**面對關係的裂痕，除了修復，我們還有別的選擇嗎？**會不會關係之所以會造成傷害，來自於我們太過執著？只渴望從某一個人身上，獲得心裡的滿足，卻忘了關係是兩個人的事，只要一方不移動，快樂就不會到來。

日劇《Dr.倫太郎》中，當某位精神科醫生面對一個憂鬱得要自殺的女性時，他並非勸說著，世界有多美好，要堅強勇敢地活下去……，而是看穿了對方心底的傷，對她說：「請不要努力了，妳已經堅持到無法堅持的地步了吧！」

不論再怎麼用力，情況都很難改善，為何不放過自己呢？學會心疼自己，不在心裡頭裝進那麼多的累贅與負擔，是一種比勇往直前，更需要勇氣的事。

關係就像房子，需要定期清理

記得有一段時間，關於居家清理的書非常暢銷，人人都在學著怎麼對物品斷捨離，擺脫不必要的負擔，讓生活恢復清爽。但我們似乎從來沒有仔細考量過，我們的內在究竟有多少心理空間？可以裝進多少人？以及這些人究竟是怎麼盤據或瓜分心理空間的？誰值得留下，誰應該離開？

我們好像就是被動的，接受一段又一段關係，惦記一個又一個名字，即使那個人不存在於生活中，卻仍在情緒裡，消耗你不少的心力。當我們學會了一個又一個斷捨物品的技術，有效率的為物理空間瘦身，去除不必要的囤積，同樣的道理，可以運用在心理空間上，找回生命的品質嗎？

有一次，在工作上遇到一個煩心的事，合作窗口的工作態度讓人非常生氣，已經困擾我好一段時間，即使下班回家心中仍牽掛這件事情。某晚，為了讓自己恢復平靜，我拿起吸塵器吸去地上的碎屑。吸著吸著，我突然意識到一件很重要的事情，**我這麼努力打掃維持家裡的整潔，出門也不隨意亂買東西回家，但為何我卻讓一個不重要的人，輕易地佔據我的心理空間，在裡頭留下髒亂呢？**

那時，我才猛然察覺，我並沒有如同愛惜自己房子般，珍惜自己心裡的家。**關係就像房子，需要定期清理**。我不只沒有定期打掃整理，還在裡頭堆滿各種雜亂的關係。有些是好的，有些是壞的，但當他們全部都混在一起，沒有區隔出界限時，即使是好的，也很容易被污染、淹沒。

從那之後，我就明白了關係是需要定期修剪、清理的，讓它滋意的蔓生，只會帶給我們越來越多的負擔和痛苦。

你多久清理一次心裡的家？

整理物理空間和心理空間，兩者在某些地方的邏輯是相似的，**若只是因為可惜，而緊緊留著不會再用到的東西，其實是把能量留在過去，而不是創造美好的現在。**

同樣的，在人際中，癡癡守著不會再有交集的關係，等待對方回心轉意，也是一種對幸福的推遲，不懂得珍惜當下。

每年農曆春節前，我們都會不由自主地想要進行一場大掃除，丟掉不需要的物品，藉此去除霉運，好好迎接新的一年，期盼透過清潔，讓家的能量流動起來，帶來好運。假使來不及完成，心裡還會有一種隱隱的不安，覺得少做一件要緊的事情。但我們從小活到大，好像從沒有想過心理空間也是需要整理的。花一點時間好好面對那些已經冷卻的關係、感覺束縛的互動，從中獲得解脫，進而祝福自己遇到更值得的人，並創造更好的連結。

你的手機裡，是否有你非常不喜歡的群組？你受不了裡面人發表的言論、錯誤的文章和觀念，可是你就是無法按退出，你害怕別人的眼光，你想當一個合群的人，不想讓人覺得你不團結。所以你忍受著，早安、午安、晚安，那些無聊笑話和罐頭祝福。

抑或是你已經長大了，可是你的爸媽仍把你當個孩子般照料，希望你別出門，待在家就好，或天天回家吃飯。可是他們把你留在身邊，卻不知道該怎麼和你相處，只能盯著無聊的節目，沒辦法好好交流，多說兩句就會吵架。你感覺孤單、寂寞、空虛，快要窒息，但他們卻不斷的洗腦你，家人本來就該時時守在一起，這樣才是幸福。

你無法拒絕，因為你受不了他們失望的表情和眼淚，那讓你感覺到愧疚。

是時候該好好清理自己的心理空間了！

透過這本書，你會知道如何健康的看待一段關係、設定合理的期待和距離、學習辨識並割捨關係的腫瘤，讓壞的人際毒素釋放前，就先主動隔離，避免拖延到最後癌細胞越長越大，傷害到你的靈魂與自信。

當一段關係無法帶給你滿足與幫助，只剩下沉重的包袱與束縛，它就會變成一種情緒黑洞，吞噬掉你的自我與快樂。

唯有你勇敢的學會切割，放開那些阻礙你身心平衡的人事物後，新的位置才能空得出來，並且重新用美好的關係和經驗充實它。

只要你開始把書上學到的觀念和技巧，放回真實生活中練習，你會發現自己不僅笑容變多、時間變充裕、身體更健康，更重要的是，找回自由的你，才能活出生命的品質與高度！

我們要追求的不只是房子的整潔，還有內在的平靜。

心理空間已經很狹小了，無須堆放著過期的關係，

「不忍心」所造成的蹉跎，是阻礙彼此幸福的關鍵！
來一場人際大整理吧！騰出空間，對的人才進得來！

第一部——有些關係真的很傷人

第1章

是什麼讓美好的關係變了調

那些總讓人嘆息的關係

「我都已經長大，有獨立的工作，但我媽堅持我每天晚上十點要回到家，不准外宿、晚歸，即使我告訴她公司有活動，得陪客戶應酬，她依舊不能諒解。假日也無法出門，只能待在家裡，因為出門就會花錢，她覺得那些交際都是虛偽的來往，只有家人才最真心。我像是被她囚禁的小鳥，除了家這個牢籠，哪裡都去不了。」

「婆婆堅持每個星期都要我們帶孫子回家吃飯，如果晚回去了，還得聽她碎念我們做大人的沒有成為孩子的榜樣，一定是太晚睡，才會爬不起來，小孩才會那麼瘦、長不高。我試著解釋，但她從沒打算聽，只是不斷地播放相同的嘮叨，我想捂上耳朵不要聽，轉身離開，可我知道這麼做只會讓情況更糟，只好轉頭向先生尋求安慰。但他只會勸我忍一忍，老人家只是愛念，沒有壞心，不要把氣氛弄太僵。我的婚姻就在這樣的消耗下，變得越來越糟。」

「自從小孩出生後，我先生從沒帶他們上過一次學、看過一次醫生。每回我忙得團團轉，請他幫忙，他老回我：『小孩又不聽我的話，一下子就哭著找媽媽，我去不是多此一舉嗎？』我實在很想反問他，這個小孩到底是跟誰姓，怎麼他好像是個局外人？」

「我的閨蜜心情不好時，總希望我能立刻出現陪伴她，可是當我有需要請她幫忙，她卻推三阻四，我常常懷疑在這段友情裡，她扮演的是千金大小姐，我只是卑微的丫鬟。」

「我有一個朋友對我很好，在我剛起步時，給了我許多事業上的協助，我非常的感激他。可是日子久了，他越來越看不慣我身邊的人，常常私下講他們的壞話，讓我卡在中間很為難。我想脫離他的控制，可是又擔心失去他的幫助，我會在這個圈子被孤立；想要拉開一點距離，又怕被說忘恩負義，我知道這段關係已經變質了，可我卻無法結束它。」

你也曾遭遇過這些類似的狀況嗎？有些人你每想起一次就嘆氣一回，你試過許多溝通方法，可問題始終無法改變。

那些關係裡的摩擦，起初就像身體的小發炎，因為不會太痛，所以也就不太注意，忍一忍就過去了。等爭執變多，傷口開始化膿，疼痛的感覺增加後，你意識到需要解決了，可是又擔心其他好的互動會跟著一起被消滅，也害怕自己挺不過治療過程的副作用，那些相伴而生的罪惡感，讓你難以動彈。就這樣拖著沒有即時處理，放任它漸漸惡化成腫瘤，在你的心裡不正常的增生，持續吸收你的能量，最後變成侵蝕你快樂的關係癌。讓你在面對關係時，越來越痛苦。

一個不鼓勵告別的社會，很難學會好好在一起

仔細深入關係，當我們和另一個人有連結的那一刻，其實我們同時擁有兩種時空，一個是「我」（I），一個是「我們」（US）。有些「我們」比較親密，有些「我們」比較疏遠，交織而成的便是你與這個世界的距離。

理論上，這兩種狀態都應該被關注、照料，甚至應該要先把「我」照顧好，才有可能在關係裡付出愛，而不是一種交換。所以才有人說：「當你不懂得愛自己，跟誰在一起都是流浪。」但在我們的文化裡，只要一進入了關係，這個「我」就會消失，考量的總是「這麼做，他會怎麼看我」、「如果不聽話，她會不會很難過」、「我們難道不可能找到共識，和平相處嗎」。我們必須時時把他人放在心中，很少能單純的只先考量「自己」，害怕這麼做，就會被貼上自私的標籤。

一旦啟動了關係，就像搭上了一列單程車，期待關係一路向下，越來越深刻、信任，很難接受「退回」或「暫停」，對於「分手」、「告別」、「絕交」更是

有滿滿的擔心和恐懼，才會在新聞上，三不五時的看到情殺事件或恐怖情人。

整個社會對於「分離」有高度的焦慮和不安，最明顯的證據就是我們不談論死亡。

但一件物品不管再怎麼牢靠，都有折舊、耗損，更何況是每天都在變化的人呢？不同階段的想法和需要，就會帶給關係不同的考驗與挑戰。

關係的跌宕，就像四季的更替，假使我們一直不願意正視關係是會隨著時間質變的，一味的推崇桃園三結義、鮑叔牙和管仲等那種一輩子相挺的情義，很有可能這樣的執著，反而會為我們帶來更大的傷害，猶如酷暑一直不消退、寒冬遲遲不離境，所造成的負擔是更為劇烈。

變調的關係

曾經有一個老闆告訴我，他有一位朋友在他剛創業時，給了他很大的支持和提攜，讓公司順利生存下來。這個老闆為了回報，就讓朋友負責自己公司某一項目的訂單。但隨著市場脈動起伏，彼此的經營方向開始有了變化，這個朋友負責的部分，產能與品質漸漸跟不上時代。

理論上，這個老闆必須重新調整與朋友的合作關係，選擇終止或減少訂量。但他卻因為私人因素，太重情分，覺得承諾了，就得負責到底，一直沒有找朋友好好討論，告訴他產品哪裡出了問題。就這樣拖到最後，出了事，賠了不少違約金，不僅友誼沒了，對方還怪他拖自己下水。

這段關係之所以無法延續，來自於隨著時間的推移，已經改變他們身上的角色，可是他們本人卻沒有意識到。

當關係從原本的朋友，變成合作夥伴後，需要關注的事情已超越感受問題，還包含其他具體的責任。例如：老闆得負責一整間公司的生存，他不能用個人的喜好與交情，決定訂單該怎麼下？與誰合作？他必須站在一個綜觀全局的角度，以公司的利益為優先，做出最適當的決策，才是一個負責任的人。但這決定有可能是和友誼相衝突的。於是兩個人的關係，就不可能跟當朋友時相同。

同樣的，學生時代再要好的朋友，出了社會，生活圈不同，就會減少聯繫。那些曾經瘋狂投入的社團、嗜好、每次見面都聊不停的人，也會因為注意力的轉移，彼此不再有交集。

時間帶著大家走向不同的旅程，增添新的經歷，彼此的交集會變得越來越少，原本共同有興趣的話題或默契，必將漸漸淡去，只剩下回憶。如果我們不接受這個事實，硬要像學生時代一樣互動、對談、交換心事，就會造成彼此的壓力和負擔。

既使是血緣關係，也會因為生命階段的不同，各自有自己的發展任務，使關係產生變化，必須重新調整距離和互動方式。最明顯的就是父母必須接受孩子長大後，會有自己的同儕，需要建立自己的社交、探索個人的天分，不會像小時候想要長時間跟家人相處。

因為時間改變孩子生活組成的成分，從原本單純的家人，慢慢增添新的同學、師長和朋友，他會開始希望獲得這些人的認同與喜歡。同時，他的自我概念也會慢慢浮現與強化，進而建立出屬於自己的邏輯與價值觀。不可能再像小時候，那樣的聽話與順從。

此時，如果爸媽不願改變相處模式，仍舊想要掌控孩子，子女做任何決定全都得經過父母的同意，那麼孩子的自我就會慢慢在這個過程中被謀殺掉，成為關係的禁臠。

隨著時間的推進，關係會產生質變

法國諾貝爾文學獎得主羅曼．羅蘭（Romain Rolland）曾說：「即使一動不動，時間也在替我們移動，而日子的消逝，就足以帶走我們希望保留的幻想。」不論是何種關係，親情、愛情、友情、職場，我們都必須承認「時間」會帶來各式各樣的變化與挑戰，（角色、環境、經驗、任務、期待、興趣等），讓關係有了不同的發展，不可能停留在相識的那一刻，用同樣的模式互動到老。

關係的經營，就像是走在一條細細的繩索上，每一步都得用心且專注，動態平衡，是絕對必要的調整，停止不動反而更容易掉落，不僅限制了彼此的成長，還讓原本運作順利的幸福變調。

原生家庭與新家庭

明遠從小就是個聽話的孩子，讀書時順著父母的期待考上電機系，畢業後到竹科工作，接著在爸媽的安排下相親，娶了一位國小老師，生了兩個小孩。但高壓力的工作，讓他漸漸無法負荷，和老婆的關係也越來越疏遠。他想辭職轉換跑道，多一點時間陪陪家人，可是爸媽不答應。他們覺得這工作穩定又稱頭，不斷說服明遠離開會後悔，男人本應該在外賺錢養家，教養的事情交給老婆就好，還私下約談媳婦，要媳婦懂得體諒先生，造成夫妻更多的爭執。明遠不敢違逆父母，切割和父母的關係，捍衛自己所組的新家庭，到最後老婆鐵了心的離婚，成為明遠這輩子最大的遺憾。

為何從小聽爸媽的話，獲得了一份不錯的工作，娶妻生子的明遠，到最後家庭關係仍舊是弄得一塌糊塗？表面上明遠的問題是「該不該辭職」？但背後真正的原因仍舊是因為時間所創造的變動，讓他對自己的「角色認定」出現新的體會。

還沒結婚之前的明遠，總是以父母的意見為依歸，只要父母開心，他再辛苦都值得。但結婚後，他意識到自己不只有兒子的角色，他還是別人的丈夫與父親，他渴望與妻小有更多情感上的連結，而不只是一個把錢帶回家的人。時間的催化，讓他從當好爸媽的乖小孩，慢慢演變成想要當妻子與孩子心中的支柱。

但明遠的爸媽沒有意識到這一點，反思自己對明遠的期待，是否還合乎時宜，配合明遠的角色與生命階段，改變重新調整，仍舊想要用舊方法繼續控制孩子（對明遠情緒勒索、對媳婦道德施壓），因而造成關係的緊張與衝突。

此刻明遠所面對的關係難題，已經不只是單純用溝通就能解決的，他必須拿

出勇氣，進行適度的割捨。明白自己不能夠再無條件滿足爸媽，無法為了符合爸媽的期待而犧牲自己的幸福，也必須把那些讓他感覺到矛盾與拉扯的想法清理出去，拉開與爸媽的心理距離，如此才能讓原本擁擠雜亂的心理空間重新獲得釋放，重新擺放爸媽在自己心理的地位，否則，他就沒有足夠的空間讓自己所重視的妻小住進來。最後，只能眼睜睜看著自己的婚姻和親子關係破裂。

許多的時候，真正讓關係變質的，並非是那些表面上的問題或事件，而是時間帶來的各種改變，使關係已經不適合再用舊的模式互動，需要找到新的相處之道。此時，只要其中任何一方，不願意承認情勢已經改變，關係就會出現問題。

放手，是為了讓彼此成為更好的人

人們總說，世界上，唯一不變的是「變」。然而，推動這一切所有改變的根本元素，就是「時間」。

時間，會讓一個孩子長大成人；
時間，會讓一對戀人相遇相愛；
時間，會讓一間公司成長茁壯；
時間使一切趨於成熟，卻也預示著毀壞。
時間，會讓一個人髮鬢斑白；
時間，會讓一顆心破碎哭泣；
時間，見證所有衰敗滅亡，包含關係。

許多人在關係中，因為無法意識時間的流動，而緊緊抓著最初的記憶，期待用同樣的模式，互動一輩子，否認或忽視關係中的兩人，身上早已翻天覆地的變化，最終才會留下許多遺憾與傷痛。倘若你懂得在評估關係時，放入時間的元素，你就會明白適度的調整、代謝、汰換，甚至放手、離開都是必要的，你就不會對告別有那麼大的恐懼或排斥。那絕對不是彼此喜不喜歡的問題而已，而是為了讓生命得以往下一個階段推進。

就像果實成熟後，終有一天必須離開養育它長大的樹梢。假使滿樹的果實早已飽滿，卻遲遲不願掉落，繼續吸收母樹的養分，那麼母樹就會因為過重傾斜，失去原本的支撐力，無法再繼續進行光合作用，進而影響到下一個循環的生長。最後，所有的果實和樹木就只能留在原地腐敗。

時間為我們建立了關係，可也帶來許多相處的摩擦與負擔，遲遲不面對，就會變成關係的毒瘤，破壞原有的幸福。

第2章

差異，讓我們成為獨立的人

立場的差異沒有對錯

時間讓原本互動良好的兩人，慢慢從親近走向隔閡、疏離。除了時間之外，**還有一種狀況也經常出現在關係中，讓關係產生質變，那就是「立場」的差異。**立場，包含著彼此的信念、期待、需求、價值觀等，所有有形、無形的個人觀點與態度。以買賣房屋為例，買方的立場就是價錢越低越好，而賣方的立場則是成交價越高越開心。這兩個人的立場是對立的，但並沒有所謂對與錯，也沒有人需要遷就誰，一旦有人覺得委屈，買賣就會破局。雙方都有權利去尋找符合自己福祉的合作對象，不必堅持在錯的人身上，要找對的答案。

雙方越瞭解自己的需求和狀態時，就越能夠就事論事的討論，不會害怕說出自己的想法或拒絕對方的要求。因為他們知道對方並不是故意為難或討厭自己，而是對方所代表的立場，讓他出現這樣的反應，也不會無限上綱自己的期待，一味的要別人配合自己。於是互動就會是愉快、滿意的。

可是同樣的態度，我們似乎很難把它放進關係中去理解不同立場的人，究竟考量的是什麼？而當你覺得不舒服時，你還有沒有必要一定要留在這個遊戲規則裡呢？

主管與下屬

冠華是一家影視製作公司的主管，力弘在他底下工作已有三年的時間。冠華記得當年面試力弘時，他充滿熱情，不計任何報酬，一心只想進冠華公司，大展電影長才。冠華看完力弘過去的作品集後，非常欣賞力弘的才華，因此錄取了他，交辦給他不少的專案。

但一起工作後，兩個人卻經常為了作品有爭執。冠華希望作品能夠獲得越多人認同越好，觀眾喜歡，投資才可能回收。可是力弘卻認為太過商業化的作品，呈現不出作品的高度與格調，一昧的討好觀眾，無法引領市場。

冠華懂力弘的堅持，可是他上有老闆，下有其他員工需要交代，不可能一直做不賺錢的事。而力弘覺得冠華握有資源，卻不好好利用，沒有冒險和開創的精神。為此，他們兩人私下溝通的頻率不計其數，可依舊沒有達成共識，到最後關係變得非常僵幾乎零互動。

你會認同誰的立場呢？是冠華身為主管的壓力，還是力弘在第一線執行的堅持呢？

這個問題是無法用二分法來解答的。如果我們只站在冠華的位置，要力弘懂得識大局，調整自己的想法，那等於是告訴力弘，拿掉那些無謂的理想和相信，只為錢工作就好，不用追求什麼熱情與靈魂了。但這樣敷衍的態度，怎麼可能會創作出好作品，為公司帶來機會和名聲。可是反過來，單就力弘的角度出發，不管公司的營運與壓力，只追求藝術的成就與高度，那麼對於拿錢出來投資的股東又該如何交代？而且公司如果不賺錢，又有什麼資源可以繼續支持藝術的創作？

放手，才能真正成就自己

任何決定都沒有真正的對錯，只要清楚自己的出發點為何，並負起全責，就是成熟的表現。

假使力弘已經試著理解公司的立場，調整自己的風格，卻發現自己越做越不快樂，那麼他早點認清這個地方和他的理念不同，提出離職，重新尋找一處能滿足他夢想的環境工作，反而能讓這段經驗成為創作的養分，而非耗損熱情的挫折。或是冠華確認力弘無法配合公司走向，為了保持營運動能，請力弘先行下車，不用彼此遷就，顧此失彼，都是相對比較平衡的做法。

儘管分離會帶來不小的變動，可拉長時間來看，卻能幫助他們更了解自己，並明白委屈是不可能求全的，求全也不必然需要委屈。勉強在一起只是相互折磨，倒不如早一點認清，放手，祝福彼此有更好的未來。

那些切不斷的關係

若是和自己的家人發生立場上的矛盾，情況往往就變得更複雜與棘手。

芸亭是一個乖巧的女孩，成績很好，父母希望她繼承衣缽，將來當個老師，平平順順過一輩子。可她卻對文學有極高的興趣，很小就開始寫小說，因此想念中文系，爸媽卻以出社會難找工作為由，反對到底。為了不讓爸媽失望，芸亭勉強自己讀了教育相關科系。可因為沒有興趣，她讀得非常辛苦，一想到畢業後，還得努力擠進教職的窄門，更讓她覺得憂鬱低潮，越來越不想回家，聽父母叨念，甚至開始出現自傷的行為。

從心理學的角度，我們可以把這種立場差異理解成，「他人期待」（爸媽）和芸亭的「自我認同」，有很大的落差。所謂「他人期待」，指的是他人對我們行為的看法，覺得應該怎麼做才是對的、好的。而「自我認同」，則是我們對自己認定，需要達到某種條件或標準，才會讓自己感到滿足或有價值。

爸媽對芸亭的期待是乖乖念書、考上教職，當一個平凡、安穩的老師。可是芸亭對自己的認同，卻是成為一個小說家，窮其自身的才能寫出一個個動人心弦的故事。

當兩者有巨大的落差時，在關係中較無權力的當事人便會面臨強烈的內在衝突。一如芸亭，她既不能把書讀好、當一個稱職的老師，證明爸媽的看法是對的。可另一方面，當她選擇擱置學業，自我放逐時，她也背叛了自己，無法維持過往認真負責的自我概念。在毫無出口的情感拉扯下，她只好透過自傷，宣洩內在的痛苦。

叛逆與割捨，是為了長出真正的自己

在長期溝通無效的情況下，芸亭必須面對一個難題是，否認自己的認同以維持和爸媽的關係，還是勇敢選擇自己的路，短時間不被爸媽諒解？這不是一個容易的選擇，可當事人的決定，卻攸關一生的命運。

適時的叛逆和割捨，雖然會帶給關係很大的衝擊，但藉由激烈的討論，我們也才有機會聽見彼此心裡最真的在乎。倘若因為害怕衝突，隱忍，維持表面和諧，賠上的是最珍貴的人生主導權。

《假性親密關係》作者史秀雄認為「從一段痛苦的關係逃脫，就像是被鱷魚咬著大腿，如果不抱著犧牲這條腿的覺悟，很可能會喪命。」這段話看起來很聳動，卻是許多東方孩子需要有的領悟。畢竟我們都成長在一個人際牽絆非常高的社會，很容易內化許多外界的期待，壓抑自己內心真實的渴望，順著前人的腳步，工作、結婚、生育，盡可能偽裝的跟別人一模一樣，藉此獲得安全感與歸屬感。但別人感覺滿意的人生，不一定是觸動你的風景。

時間帶來差異，差異是為了長出獨立

不論是何種關係，即使是愛得十分濃烈的親密關係，隨著時間的推移，你會發現彼此的差異，只會越來越多、越來越大。可也因為添加了時間這個因素，兩個人才有機會在關係中創造出空間，不再緊緊相連，能拉出一段距離，看見彼此真實的模樣和差異。有了差異，你也才能夠清楚的認知到，對方是和你不一樣的人，而不再是一團模糊的感覺，你們各自有各自的個性和喜好。

當這個真實的模樣，被你自己所認同，同時也被他人所接納時，你就會有信心長出屬於自己的獨特，不會為了要迎合對方，而改變自己真正的樣子。於是你才有可能在這段關係中，有勇氣為自己做出選擇，並為自己的選擇負責，慢慢長出獨立，而不害怕會因此失去對方。

換言之，**時間與差異，從來就不是謀殺關係的兇手，他們存在的價值是為了創造分化的機會，讓彼此成為一個真正獨立、自由的人。**

真正破壞關係的不是表面的衝突事件，而是我們不接納自己，或是別人硬要把我們變成他們喜歡的模樣。就像芸亭，當她勉強自己變成爸媽想要的模樣時，表面上關係是親近的，但事實上，她對爸媽藏有怨氣。倘若這個情緒一直沒被好好處理，以後在工作上遇到任何挫折，她都會回過頭埋怨爸媽，覺得是爸媽害自己變成今天的模樣。屆時，芸亭不僅失去和父母間良好的關係，也無法做自己。與其到最後兩邊落空，芸亭若能勇敢一點，走一條自己的路，至少她還能保有自己。

一段健康的關係，理論上每個人都應該先找到「自我認同」，然後才開始慢慢了解「他人期待」，進而從中找到平衡點。但在東方文化裡，「他人期待」往往大於且優先「自我認同」太多，以至於我們很害怕自己跟別人不一樣，經常忙著滿足別人的期待，而忘了自己的需要。在我們的社會裡，「特立獨行」並不是一個太正面的形容詞，那隱含著危險與自私的氣味，「一樣」才代表安全。因此，絕大多數的人喜歡緊緊綁在一起，共同行事，追求齊頭式的平等。在這樣的氛圍下，時間創造的就不是自由與獨立，而是糾結與纏勒。於是自我，就在關係中慢慢的窒息、消失。我們的心裡住著許多「山寨版的別人」，卻很少有「原廠版的自己」。

儘管我們都知道割捨關係包袱並不容易，會引發許多罪惡感和愧疚感，但有時短暫的痛苦，是為了更長遠的幸福。就像胎兒和母親，不管再怎麼緊密，終有分娩的一天。生產的過程，絕對是疼痛的，就像關係的分離不可能不伴隨失落。可也因為有了這份決心，我們才能夠從「共生」走向「個體化」。

我所謂的「清理心理空間」，是要鼓勵大家調整讓自己辛苦的內在信念、拒絕無條件配合外界的要求。你不必然每一次都要切割整段關係，但你得有勇氣割捨讓你不舒服的期待。假使對方仍不尊重，那麼隔離與告別是必要的代價，目的是找回對自己生命的掌控感。

第3章

清理，才能為關係帶來新幸福

電影《神隱少女》有一段台詞：「人生是一列開往墳墓的列車，路途上會有很多站，很難有人可以自始至終陪著走完，當陪你的人要下車時，即使不捨，也該心存感激，然後揮手道別。」這段話淺顯易懂，卻具體呈現關係的流動是怎麼一回事，而割捨與分離，更是人生必修的課題。

有些人的出現只是為了教會我們一件很重要的事情，也許是背叛、正直、付出、勇敢等，當事件落幕後，他們也就會離開或淡出我們的生命。

如果我們不能接受，關係的汰換與切割是必然的，那麼我們就會在心裡頭住進太多人，造成我們的負擔。就像一間房子，東西只進不出，堆積如山的雜物將會癱瘓主人的生活。

當我們背負太多期待，承擔太多責任，就很容易卡在關係裡，無法動彈。那些會傷害你的關係，其實都是在你心裡生了根的人，他們製造出來的關係腫瘤也會特別的大。**割捨，並不是決裂，而是了解到如果不適度的切割，生命的養分就無法得到最適當的發揮，整個人會越活越虛弱、衰敗。**

孝與不孝的兩難

如果小皖沒有學會割捨他人的期待，現在的她早已被陌生人的一句話給擊落了。

那天，小皖和先生帶婆婆一同到餐廳吃飯，結帳時，老闆娘突然問到：「你們全家人一起來高雄玩嗎？」小皖有些訝異，原來剛剛點菜中不經意的對話，全被老闆娘給記住了。

「不是，我們是特地從北部下來帶婆婆出來吃飯的。」小皖客氣地回應。

「你們沒住在一起？婆婆在高雄跟其他兒子、女兒住？」

「不，我婆婆住在安養院。」話一說完，老闆娘眼中出現一閃而逝的訝異。

「她看起來很健康，不像是需要住安養院的人……」老闆娘似乎意識到自己失言，馬上住嘴。

以往一聽到這句話，小皖總得為自己辯護，可那天面對老闆娘的疑惑，小皖只是不疾不徐說：「我們都覺得住安養院是一個很棒的決定。」

那是小皖第一次發現，自己已經可以從容地說出這個事實，不再害怕別人質疑的眼光。更重要的是，她回答的語氣帶有一種堅定，讓對方沒理由再往下探問。

但其實要這麼坦然的接受現況，不理會社會觀感，不承擔扛不起的未來，不為了圓滿別人口中的孝，而犧牲彼此的生活，並非一蹴可幾。小皖和先生都經過一段掙扎與拉扯。

小皖的公公很早就過世，婆婆一個人拉拔三個兒女長大，兩個姐姐陸續出嫁後，還是女朋友的小皖，已經可以感受到先生的焦慮，認定自己是家裡唯一的兒子，有義務負擔照顧母親的餘生。

所幸當時婆婆還年輕，一個人生活也還能自理，不覺得兒子需要放棄好不容易打下的事業，回家鄉照顧自己。但先生為了減少內心的愧疚，仍舊每個星期搭車南下回家探望母親。

這樣的情況維持好多年，即使是婚後也沒有改變。舟車勞頓當然有，但想一想，一星期也才回家一趟，平常不需要天天住在一起，對需要獨處的小皖來說，已經是很大的自由了，所以即使每次回婆家都睡得不安穩，她仍努力扮演好媳婦的角色，儘量減輕先生的內疚。

不幸的是，某天婆婆跌倒昏迷了，恰巧先生出差回家探望，才及時發現送醫治療。幸好，醫生說只是血糖不穩，造成的暈眩，而且只有輕微瘀青不用住院，但要小心不能再跌第二次了。

從那天開始，他們才正式意識到媽媽老了，已經無法再一個人獨居了。婆婆已高齡八十多，雖然保養得宜，活動自如，也沒有失智的狀況，但一些慢性病，像是高血壓、糖尿病再加上三不五時的健忘，忘記關火、關門等，仍舊有可能威脅生命安全。

先生返家後，和小皖商量該怎麼安排媽媽接下來的生活。但因為他們都無法放棄事業，眼下只剩下把婆婆接上來同住一條路。為此，先生還考慮換屋，多準備一間孝親房給媽媽住，就盼望能取得小皖的首肯。可小皖遲遲沒點頭。

小皖能體諒先生想善盡人子的責任，和母親同住，是最合情合理的安排。但先生卻沒想到讓母親住進生活裡，並不是多一張床、一雙碗筷這麼簡單，這裡頭隱藏著許多情緒的勞動、生活習慣的適應。

小皖還顧慮到婆婆需要專業的醫療協助，以控制日漸升高的血糖和血壓，和大量的社交刺激延緩智能退化。這些都不是她和先生每天工作將近十二小時的上班族，可以照料得來的。他們雖然可以提供一個舒適的居住空間，但裡頭卻沒有靈魂，婆婆只能天天獨守電視，面對空蕩蕩的家，沒有朋友、無人交談。就算請外勞，情況不會改善到哪裡去，而且經濟壓力更大。

思考數週後，小皖告訴先生：「真要考量媽媽的福祉，我們必須為她找合適的安養院。」不出所料，先生一時間無法接受，覺得這麼做太無情，等於是遺棄媽媽，不論小皖怎麼解釋他都不聽，夫妻關係降到冰點。

但小皖堅定的告訴先生：「如果媽媽還沒來住，我們就已經無法心平氣和的討論事情。那麼媽媽進入我們的生活後，壓力只會更大，到時候，你要處理的不只是媽媽的健康、婆媳相處，還有夫妻衝突。我們都不是完美的人，都會有情緒，想要扮演好孝子和孝媳的信念，很可能成為壓垮我們感情的包袱，讓關係變調。你覺得媽媽會希望這樣嗎？

當你一心期許自己成為孝順的孩子時，你有想過這樣的想法，是以你自己的需求為中心？還是真的以媽媽的角度思考，怎樣的安排才會讓她的後半輩子過得有尊嚴？你該成全的是自己、媽媽，還是我們這整個家？」

那晚，先生在書房待上一夜沒有回房。隔日，便親自向母親表達這個安排，母親聽完後沒多說什麼，只說年輕人高興就好。小皖很感謝婆婆的包容與開明，和先生決定在老家附近找一間設備完善的安養院，希望母親別離開家鄉太遠，老友和親戚還能定期去探望，提高她的安全感。

送婆婆入住那天，小皖和先生一同處理了許多手續，臨走前，小皖看到先生眼眶含淚，總是背對母親，那一刻她覺得自己很殘忍，好像是劊子手拆散他們母子，很怕自己一時心軟，就撤銷了入住申請。但她忍了下來，背負著親戚們的耳語與批評，堅持讓婆婆搬入安養院至少一年，真不行再來想辦法。為此，他們仍舊一如往常的每週探視，直到婆婆適應新環境，先生完全放心為止。

至今已過了兩年，某天小皖陪先生到安養院探望婆婆，剛好聽見婆婆跟來訪的親友說：「我好喜歡住安養院，我在這裡有很多朋友，每天也有很多活動，有卡拉OK比賽、志工表演，一點都不無聊。醫生說我的血糖血壓控制得很好，很健康呢！」

聽到這些話，小皖紅了眼眶，慶幸自己當初的堅持是對的，那些被誤解的委屈，一點也不重要了。小皖回想，假使那時選擇走另一條路，和婆婆距離是近了，但心卻會越來越遠。彼此無法有好的心理狀態，面帶微笑的話家常，而是難以克制的嫌棄與不耐。婆婆的身體會衰敗得更快，而她和先生的婚姻也會受到嚴重的考驗。

透過這個過程，她更明白愛不一定是緊緊相依、噓寒問暖、侍醫奉茶，誠實地面對自己的限制，勇敢割捨不合時宜的觀念與做法，在心裡保持一段距離、保留一點空間，反而保障了彼此的幸福。

割捨掉別人的期待

現代女性的生活充滿著為難與矛盾，要巧妙平衡家庭與工作、自我與他人，不是一件容易的事情。小皖因為婆婆年紀越來越大，必須和先生重新檢視老人家的照護問題。此時，她所面臨的「他人期待」有兩個，表面上是先生希望把母親接來同住，但底層隱含的是她要不要接受社會對一個好媳婦的要求，犧牲事業，承擔侍奉公婆，代替先生盡孝道的責任？可她的「自我認同」，卻是成為一個獨立的人，擁有自己的專業、一段融洽的婚姻關係。更重要的事情是，她對於老年生活的觀念，是有尊嚴的活著，而不是被動的消耗生命。

很顯然，時間所帶來的立場差異，造成她和先生的劇烈爭執。但她沒有選擇忍耐，屈服於這個社會對女性的期待，因為她很清楚照護工作絕非一兩天，而是一場持久戰，如果要參與這場戰爭，她和先生需要具備什麼樣的準備與資源，才可能打贏？審慎評估後，她知道自己和先生並沒有能力因應這個重大的變動，與其勉強彼此，埋下日後爭執的種子，倒不如坦誠以對，接受自己的有限。因此，她選擇割捨，割捨掉了別人的期待，好好的與先生溝通，獲得先生的支持與認同。

切割必然會帶來許多疼痛。小皖必定會遭遇許多奚落和質疑，但她明白這是邁向完整，必須付出的代價。忍耐看似是一條比較簡單的路，但後頭等待她的卻是無盡的黑洞，到最後不僅夫妻的感情被消磨殆盡，婆婆的身心也不一定比較健康快樂。兩相權衡之後，她選擇積極面對，不為了一時的和諧，放棄自己的認同。

過程中，小皖花最多力氣的，不是說服旁人接受她的觀點，而是讓先生明白成全不是放棄，別人的快樂，不一定都需要自己給，陪著伴侶處理心中的恐懼，於是先生才能真正切斷不合理的信念（送家人去安養院就是遺棄），成為一個成熟、能獨立思考的人，而不是照著社會的框架而活。最後整個家庭變得更幸福相愛，避免分崩離析。

集體主義下長大的孩子，心裡塞滿著別人的要求和看法

媳婦該不該以夫家為重？兒子需不需要完全承擔年邁父母的照顧責任，犧牲自己的工作和生活品質？這些問題反映出集體主義的典型思想。

在東方社會裡，做為一個人，我們必須總是把他人的期待擺在自己之前，努力保持關係的和諧與緊密，不能夠太過主張個人的需要，否則就是一個自私、不懂禮數和感恩的人。

因此，在這種氛圍下長大的孩子，心理空間一直是擁擠雜亂的，裡頭充斥著道德、禮教、習俗等，許許多多束縛與框架。我們必須很努力撐大心理的家，塞進許多角色，努力和每一個人都維持好關係，壓抑個人的狀態和特質，無法坦然的面對拒絕。

當「讓一讓」、「退一下」、「忍一忍」，變成一整個社會處理衝突的潛規則時，你就會習慣性的壓縮自我認同，好裝進他人的期待，忘記要留一點餘地好好感受自己的情緒，疼惜自己的委屈、爭取應有的權益。

你罹患了「關係囤積病」嗎？

這種「關係越多越好，代表你越被歡迎和重視」的思維，如同社會上所彌漫的「擁有」（have）的風氣。商人想方設法拍廣告，說服你掏錢享受更好的生活條件，而身為消費者，也很盡責的賺錢，好有能力去購買更多的物品，藉以尋求生活的富足與快樂。

可是隨著文明的進步，新世代已經漸漸了解到，擁有不必然會帶來滿足，甚至會製造更多的浪費和揮霍。人們開始不再需要透過物質來讓自己感覺愉悅，明白真正的快樂來自精神層次上的自由。學習定期整理房子、丟棄無用的雜物，並謹慎考慮什麼東西該帶回家，什麼不應該。面對心理的家，我們能不能也開始練習從加法變減法的態度呢？

如果我們還是抱持著關係越多越好，期待自己必須跟任何人都處得來，藉此獲得認同與肯定，害怕讓人失望，擔心拒絕會被討厭，難道不是另一種「購物狂」和「囤積病」？只是項目從「物品」換成是「關係」罷了！而那些無法扔掉東西時的喃喃自語：「丟了，好可惜」、「說不定哪一天用得上」，和割捨不了關係時的小聲音：「都相處這麼多年了，他也不全是這麼壞」、「說不定他哪一天會改」，竟也是如此相似。

從生活極簡到心理清爽

過往的教育，花了許多力氣教會我們建立關係，卻很少告訴我們如何學會割捨、放手，捨去不需要的累贅，去對的地方找答案，而非待在讓自己委屈的地方哭，才能建構出自己理想的關係，不讓糾纏的人際問題讓自己痛苦萬分。

佐佐木典士的書《我決定簡單的生活》中，作者在事業和感情遇到低谷時，透過丟東西，重新找回了生命的意義，並且看見什麼才是真正重要的東西，最後他的家裡幾乎到了空無一物的程度，但他依然活得很快樂。

面對關係，你不一定要效法他的做法，把關係丟得那麼徹底，但我們可以從中擷取他的精神，**去思考生命中哪些關係是我們真正需要的，哪些只是想要？藉**

由學會清理心理空間，只承擔自己負荷得了的關係，不再活在別人的眼光下。

人的意志力和心理空間是有限的，無法將所愛的人全都容納進去。我們得在生命不同階段，保持清理的習慣，將那些已經惡化成腫瘤的關係切割出去，留下能帶給我們真正成長和滿足的人，不再透過擁有眾多關係來定義自己的價值。

清理心理空間，看似排拒、無情，可這麼做才能和你真正想要好好連結的人在一起。唯有你勇敢地將關係中造成你痛苦的包袱切割掉，你想要的幸福才會來到。同時，專注在獲得而非失去，我們才有力量做出行動。

第二部——

那些痛苦卻離不開的關係

第4章

為何關係總讓人牽腸掛肚

關係這麼痛，為何仍不放手？

當我們進入一段關係後，雙方就會開始對彼此有所想像，在缺乏良好的溝通能力下，過程中衍生出來大大小小的期待，很可能就會讓兩個人漸行漸遠，甚至被自己深深在乎過的人傷害，讓原本快樂的關係變成是一種羈絆與束縛。

但弔詭的是，既然關係會造成這麼多傷痛，為何大家還要像飛蛾撲火般，尋求一段段關係、渴望一份份連結？

那是因為與他人連結，是人類的基本需求之一。

《創造連結》一書提到一個殘忍的歷史紀錄：十三世紀義大利的統治者腓特烈二世，因為好奇人是否天生就具有一種內在語言，即使從來沒有跟人互動、學習過，依然可以學會說話。於是他下令進行一項實驗，刻意找來一群嬰兒，但規定照顧者（保母和醫護人員）不准和這群孩子說話，甚至不許擁抱他們。

但除了與人的互動、連結外，這些嬰兒的其他需求全都一應俱全，有充足的食物、保暖的衣物、清潔的環境和乾淨的梳洗。最後，研究結果卻令人非常意外，所有的嬰兒全都死於襁褓。這研究顯示剝奪個體與他人的連結，是會造成毀滅性的傷害。

缺少了連結，等於隔離了一個人對世界的感知，彷彿活在真空中，任何的反應都變得毫無意義，生存的意志會慢慢被消磨殆盡。

心理學家哈里．哈洛（Harry Harlow）也曾做過一系列經典但殘酷的生物實驗。他豢養了一群恆河猴，但一出生就將他們從母親身邊帶走，只給了他們兩個不同的代理媽媽。一個是綁著奶水的「鐵絲媽媽」，另一個是毛茸茸的「布偶媽媽」。結果幼猴只有在肚子餓的時候，才會去找鐵絲媽媽喝奶，其他時間都是抱著布偶媽媽尋求溫暖與慰藉。更可怕的是，這些猴子長大後出現了自閉、反社會和攻擊行為，完全喪失社交能力，無法融入群體社會中，與其他同類相處。

與他人連結，從對方身上感受到溫度，對一個人的心理健康具有非常強大的影響力，甚至比溫飽還重要。也因此，心理學家馬斯洛（Maslow）才會將「愛與歸屬感」，列入人類重要的五大需求之一。少了這一項，當事人就不會意識自己是群體中的一份子，享受從他人身上獲得的尊重，進而培養出健康的自信心和自我超越的動機。

束縛住行動的網

與他人連結如此重要，理論上，我們都應該選擇懂得疼惜、尊重自己的環境，從中獲得滿足，為何有些人仍會選擇留在讓他受傷的關係中，無法離開或割捨呢？

這牽涉到兩大主要因素，內在交換和外在依賴。

內在交換：渴望被認同、需要被關注、期待被信任，及尋求被接納。

外在依賴：財務需求和能力不足。

這兩個因素共同編織成一張牢固的束縛，羈絆住當事人的行動。也因此有些關係明明已經造成明顯的痛苦、壓力，但許多人仍情願留在那樣的關係中，反覆經歷關係帶來的痛，卻沒有做進一步的改變。

第5章

母親的話像刺，句句讓人疼痛

朋友都覺得世英的個性有些憤世嫉俗，同事明明是讚美、肯定她，但她總有辦法聽成是挖苦，潑對方一桶冷水。

「新買的洋裝很好看耶！」

「原來你的眼光和我一樣，這麼一般。」

從小不論世英做什麼都會遭受媽媽無情的指責。成績不好，媽媽就會暗諷她：「果然是屬豬的。」才藝比賽得獎，媽媽的嘴裡說的是：「該不會這個比賽就你一個人參加吧！」學校老師發現世英個性非常退縮，主動聯絡家長，但母親卻在電話上一直稱讚世英，說她是一個負責、乖巧的孩子，只是比較怕生。可掛下電話，母親卻立刻擰著她耳朵，告訴她：「如果老師再打來一次，妳就吃不完兜著走。」母親的教養方式，讓她分不清楚什麼是真實，什麼是謊言，就連該怎麼反應她都不知道。因此她對自己一直沒自信，覺得只要跟自己有關的事情都是錯誤。

大學聯考放榜那天，世英考上外縣市她心儀的學校，但她卻高興不起來，因為她擔心不知道媽媽又會說什麼話羞辱她。她害怕母親但卻無法拒絕母親的要求，只要媽媽一開口，她不由自主地就會點頭同意。於是，她只能像隻刺蝟般防禦自己，也在不知不覺中開始像媽媽一樣說話，變成自己最討厭的人。

以愛為名的內在交換——渴望被認同

記得第一次和世英互動時，她帶刺的話語，讓人直覺地想退避三舍，但後來接觸多了，慢慢了解她的成長背景，我忽然懂了，她的行為看似攻擊，其實是在保護。講得更直接一點，有點像是「我怕你會打我，所以我先打你」。因為我先攻擊你，讓你不舒服，你就不會靠近我，如此我就不會被你傷害。這麼曲折的邏輯與心理動力，源自於她和母親之間糾結的互動。

從小，媽媽透過不斷地詆毀、責難，讓世英失去對自己的信心，她無法判斷自己的想法和感受是否恰當，一切只能以母親的反應作為依歸。如此，媽媽在這段關係中，便能一直保持主控權，讓世英乖乖聽話。而世英為了獲得母親的肯定，或是不想再被責罵，只好更加順從。她和母親就像是一種「毒性關係」，明知道你有毒，但我戒不掉你，為了得到你，我只好付出更大的代價，來維繫這種不對等的關係。這樣的互動，不只出現在親子關係，伴侶間也經常發生，最極致的形式就是「家庭暴力」。

或許，你會好奇，長大之後的世英有了能力，為何還不離開媽媽，獨立生活呢？這個問題猶如去問吸毒的人，你為何不戒掉毒品？如果他做得到，他就不會上癮了。問題不在於他為何要吸毒，而是他為什麼會痛？是因為這個疼痛（如孤單、絕望、焦慮），讓他必須用毒品麻痺自己。同樣的，世英不是不知道媽媽是讓她痛苦的原因，只是她心中有一個很深的匱乏，讓她沒有信心說走就走。

所有讓人離不開的事物裡，往往都藏著靈魂的一塊碎片，映照出心中的匱乏。

對世英來說，從小無論她的情緒是好是壞，全都被否定，只能透過母親的反應來決定自己該怎麼做才是對的。她必須隨時隨地、小心翼翼地觀察媽媽的變化，努力博得媽媽的歡欣與認同，才可能在這場慘烈的心理戰爭存活下來。

她的心從沒有機會好好認識自己，裡頭全裝滿了媽媽的好惡。那些她「不夠優秀」、「讓人失望」、「丟人」的標籤，早已讓她的心傷痕累累，沒有勇氣再相信自己值得被愛，只好緊緊守著這段殘破的關係，說服自己的存在是有價值的。如果把這麼一丁點的連結都拿走，她的人生會蒼白得令人害怕。

她和母親的關係，是一場交易，也是一種交換。但如果有天，她願意冷靜下來，重新思考自己真正渴望的認同與被接納，是否有真的被滿足？以及是否一定要從同一個人身上獲得？那麼她才有機會學會健康的互動模式，不再拒人於千里之外，如此別人的關懷才有可能流進心中，溫暖她冰冷的心，慢慢建立起自己對這個世界的認識，不再用別人的標準定義自己。

這段清理的路很漫長，就像成癮的人，必須回過頭來問自己當初開始喝酒、抽菸的理由為何？許多時候，我們早已失去使用這些物品的動機，但習慣常常讓人忘了探索新路。要戒的不是看得見的人事物，而是看不見的依賴與恐懼。

第6章 至少在他心裡，我是唯一的公主

郁婷的父母十分重男輕女，從小家裡有什麼好玩、好吃的都只會給弟弟。她下課回到家要替媽媽做家事，假日還要到爸爸的工廠幫忙，而弟弟卻有著豁免權，什麼都不用做。

有次，郁婷因為趕著去倒垃圾，離開工廠前沒將工具歸位，想不到爸爸卻對她破口大罵：「連個掃把也不會收好，養妳實在浪費錢。」郁婷辯駁：「我急著先去倒垃圾啊！你也可以叫弟弟幫忙收一下，為什麼他什麼都不用做？」

爸爸完全不接受郁婷的解釋，甚至拿起掃把要打她。郁婷心中的委屈與心寒，讓她下定決心有自立能力後，就要離開這沒有愛的家。

高中畢業後，郁婷認識一個大她八歲的男朋友。他對郁婷的呵護，讓郁婷覺得男友是上天派來拯救她，讓她能離開名為「家」的地獄。於是沒多久，郁婷就搬出家與男友同居。

可是男友在呵護之餘，對郁婷卻有著越來越多的限制。只要找不到人，就會不停的打電話、留言。語氣從一開始的溫柔：「妳在哪裏？我很擔心妳。」慢慢的越來越嚴厲：「妳如果一分鐘內不回電，就不要回來了。」或「妳居然放我一個人在家，我要讓妳嚐嚐被拋下的感覺。」等威脅字句。同時，男友也會不斷批評郁婷身邊的朋友、同事，不准她跟他們互動。

郁婷所有的言行舉止、穿著、決定，都得按照男友的心意。儘管男友不曾動手打過郁婷，但知情的朋友都曾告誡郁婷，這樣的感情不健康。郁婷曾試圖表達自己的感受，希望多一點個人空間，但男友總是說：「我管這麼多，也是因為太在乎妳！妳是我心中唯一的公主，我當然得要好好珍惜，才能跟妳在一起更長久啊！」

這段話像嗎啡，總能減緩郁婷對關係的不滿，讓她感覺被呵護、關心，不再是那個孤單、沒人在意的女孩。

以戀為名的內在交換——需要被關注

研究所畢業後，我的第一份工作是在一間大專院校當輔導老師，而我所任職的學校，學生年齡從十五到二十二歲都有，且因為科系的關係，幾乎都是女學生。她們之所以選擇這所學校，很多是基於家長的期待，爸媽認為女生不用讀太多書，趕緊找個一技之長，順利畢業去賺錢就好。所以我認識很多「郁婷女孩」，一到青春期，像飛蛾撲火一般投入愛情的世界，攔也攔不住。

她們很多人在成長的過程是被父母忽視的，就像郁婷一樣為家庭付出很多，卻因為不是男生，得不到爸媽的疼愛。長年被冷落的心情，造成她們成年後，十分渴望離開家，投入另一段關係，從中獲得歸屬感，不再覺得自己是可有可無的存在。

她們投入一段感情時，往往不是因為這個伴侶條件有多好、相處起來多麼契合，而只是因為他是這個世界上第一個願意好好聆聽、疼愛她們的人。只要對方願意在關係中表現出關注（接送、熱線、送禮），不管手段是否恰當，會不會讓人覺得有壓迫，都會被女孩視為是愛的表現，有效驅趕走她們心中的孤獨。

對她們來說，冷漠是一種否定，過度黏膩，才是具體的接納。她們離不開，不是因為愛，而是太怕孤單。

這種內心的匱乏，讓她們經常遇人不淑，即使離開一段不健康的關係，很容易到下一段感情，還是吸引到另一個控制者，在同樣的遊戲中輪迴。因為她心理的陰影，不停地發出訊號，魔鬼才會被召喚來。若她能明白其實是自己的心破了洞，所以別人怎麼給愛都填不滿，她才有可能停止外求，學習真正疼愛自己的方法，一點一滴將傷口縫補起來。

否則，她很有可能為了繼續得到外界的關注與照顧，刻意削弱自己的力量，讓自己保持無助或脆弱的狀態，不願意成長。就像個孩子般，看似天真、單純、需要被保護，其實是逃避自己的責任，如此她才能名正言順地繼續依賴在別人身上，形成一種寄生關係。

不幸的是，這樣的愛就像是建築在沙地上的城堡，不論有多美麗，都經不起考驗。當一個人沒辦法把自己過好，那麼就算擁有了一段關係，也會因為害怕失去，而逃避面對真正的問題，不斷否認的結果，就是斷送讓彼此變得更好的可能。

第7章

雖然好累，但事情沒有我不行

子彰是一家旅行社業務兼導遊，深獲客戶好評。最讓老闆刮目相看的是，子彰不僅做事負責，還很懂得與人交際互動。所以老闆總是把最重要的客人及工作交給他。

子彰贏得業績的方法，並不是光靠會說話。他總是花很多時間了解客戶的需求、喜愛。只要客戶要求，他都會想盡辦法找資源完成，把客戶的需求放在心上。所以客戶經常戲稱子彰為「多啦Ａ夢」，沒有什麼是他解決不了的事情。這樣的工作態度，遇到懂得賞識和相互尊重的人，雙方就會互動愉快，但人在江湖總難免會遇到一些存心刁難的客人。

「哎啊！你的工作只要付出時間，陪團員玩、帶大家吃飯、睡覺，根本沒有任何的成本，一邊工作還能一邊玩，是天下最輕鬆的職業。不然，你別跟我收小費了，就當作是大家出去玩交個朋友。」客戶不客氣地對子彰說。

這些話讓子彰非常難受，但顧及公司的形象，他依舊堆起笑容回應：「大哥，小費的部分真的沒有辦法，這是公司規定。但我答應你，除了正式行程外，我會帶你們去私房景點，鐵定讓你們覺得值回票價。」即便遭遇如此不合理的要求，子彰仍努力博得客戶認同，想讓客戶相信他會盡全力做到最好。

然而出國後，客戶依舊一路嫌棄，讓十分在乎顧客評價的子彰，壓力非常大。為了討客戶開心，他不斷退讓自己的底線。因為對他來說，能得到每一個客戶的信任與喜愛，是最要緊的事。

不只面對客戶，面對老闆、同事的要求，子彰也都卯足全力。因為他覺得對方願意把問題交給他，是對他的信任，「絕對不能辜負別人的期待」是他心中經常出現的小聲音。

放不下工作和責任的子彰，無時無刻都非常忙碌，根本沒有時間好好休息，身體和心都好累好累……。

以責任為名的內在交換——期待被信任

一般人總有個偏見，覺得那些需要心理諮商、人際關係有問題的人，一定是成長背景比較辛苦的人，可能是父母失和、家境清貧或曾遭到霸凌欺負的人等，才會不懂得如何與人應對。相反地，那些社經地位很高、工作表現良好的人，便不會有太多關係問題，因為他們一定擁有很好的溝通技巧，才可能得到這麼好的成就。

其實這一群看似「人生勝利組」的人，他們的心理壓力與內在焦慮，不亞於生活適應力較低的人，只是他們更擅長壓抑與偽裝，讓人誤以為他們過得很好。

這一群人因為對社會要求很敏感，再加上能力好、責任心重，所以他們經常超支自己的體力、封閉自己的感覺，不達目標絕不放棄，表面上是為了贏得掌聲與認同，但事實上，站在高處久了，驅動他們前進的漸漸不是完成的快樂，而是害怕沒做好會讓人失望。

就像一些名人或影星，雖然過著優渥、令人稱羨的生活，但其實他們的壓力非常大，做好不一定會被發現，但一點小疏忽，卻會招致排山倒海的撻伐，超乎常人的標準，早已讓他們身心俱疲。但無法示弱的他們，只能透過藥物或個人意志沉默地對抗著，然後在某一個無聲的夜晚，悄悄殞落。

光越亮的地方，陰影就越深。

就像子彰，因為害怕承認不足會被討厭或質疑，所以他一直打著責任的旗幟，要求自己好、還要更好，隨時保持積極、認真、正向，絕對不能輕言放棄或拒絕他人的請求。外界的信任，對他們來說，就像一枚枚勳章，得到越多，代表自己越重要、越厲害。他們追求「完美」，事事都想做到最好，卻忘了人生若要「完整」，無論好壞都得接受。於是在日復一日的忙碌中，漸漸忘記自己的需要。

我很喜歡家族大師薩提爾女士曾說過的一句話：「問題本身不是問題，如何因應問題的方式才是問題」。責任心強絕非問題，可是當這個標準無限上綱到任何人事物上，就會造成困境。

對子彰來說，適度的切割外界的期待與要求，不因害怕失望和失敗，用堅硬的外殼偽裝內心的脆弱，好好判斷哪些人才值得他付出與照顧；面對不合理要求，敢於說不，他才能夠長出真正的自信與自在，無須透過被需要來確認自己的價值。

當一個人能夠接受自己的有限，他才算是真正的成熟。

第8章

只要有你在，我什麼都無所謂

靜婷在國中時期被同學霸凌。只要有分組活動，她就會被孤立，沒人願意和她同一組。個性原本活潑好動的她，變得越來越內向、孤僻。父母因為忙於工作，也沒有察覺到靜婷的變化。

好不容易熬到畢業，上了高中的靜婷，希望能重新獲得同儕的認同與接納。因此，不管同學有何提議，她都配合，也順利的交到了小雅這個好朋友。小雅和靜婷幾乎形影不離，也經常到彼此家裡過夜。小雅聰明，總能猜到靜婷的想法或行動，而這份好默契，也讓靜婷格外珍惜。

慢慢的，女孩長大了，能分享的事情也越變越豐富。上了大學，靜婷喜歡上社團的一個男生（阿哲），卻遲遲不敢開口。小雅在一旁看不下去，主動約對方出來，三個人一起出遊。就這樣靜婷終於有機會進一步和心儀的男生互動，因為怕尷尬，靜婷經常邀請小雅三個人一起逛街、看電影。

但靜婷卻發現小雅和阿哲互動越來越多，也曾單獨碰面，小雅卻沒主動提及。靜婷推測小雅也喜歡阿哲，為了留住小雅，她選擇刻意疏遠阿哲，甚至故意告訴小雅，她已經喜歡上另一個男生了。

對靜婷來說，愛情是不確定的未來，即使真能與阿哲交往，也無法預期這段感情能維持多久。小雅才是那個能一直陪伴在她身邊的人，所以她情願違反自己的意願，退出這場競賽，也不願意失去珍貴的友情。可是當她真的這麼做後，她發現自己和小雅再也回不去從前那種親密和無話不談。

以犧牲為名的內在交換——尋求被接納

不知是巧合還是詛咒，一對好閨蜜感情會破裂都是從愛上同一個男生開始，就像電影〈七月與安生〉，安生（周冬雨飾）的退讓開始了一連串的錯過與遺憾。靜婷與小雅的故事，就像電影一樣，表面上是愛情的三角習題，可底層流動的是羨慕與嫉妒、控制與犧牲的課題，是成長過程中必經的掙扎。

靜婷羨慕小雅聰明、反應快、樂觀開朗，對比自己的內向、拘謹、多愁善感，她很渴望成為小雅，成為受大家歡迎、接納的主角，不再被排拒與冷落。她小心翼翼地待在小雅身邊，當個稱職的綠葉，只希望當年被孤立的夢魘別再重演。然而，這一切的穩定，卻因為一個男生的出現有了變化。

靜婷意識到這個改變，將會為她和小雅的關係帶來挑戰，為了表示自己的忠誠，以及不願意小雅遭遇和自己過去一樣的傷，所以靜婷和電影裡的安生相同，都選擇了沉默與成全，否定自己的欲求，用自己認定的「好」為對方付出。

「以為」是這世上最曖昧、可怕的字眼，那些自以為是的了解，費盡心思的安排，往往是關係之所以破裂的肇因。

靜婷的「無所謂」，其實反映著她的自卑與不安全感，因為害怕期待後失望，所以乾脆假裝不在乎。**阻擋她幸福的不是自己的好姐妹，而是她心中潛藏「我不配」的信念。**

她真正需要割捨的是害怕失去關係的不安。唯有學會在人際中坦承並接納內心的慾望與需求，接受關係必然會有起伏與聚散，不被恐懼所牽引，誠實說出自己的想法與他人交流，她才能夠感受到親密與信任，真正擁有一段感情，不論是友情或愛情。

要開啟任何一種關係，都是一場冒險，如果沒有懷抱著跌倒的準備，就享受不到重新站立的勇敢，以及穿越險阻的滿足。

第9章

她是我媽，就睜一隻眼閉一雙眼吧

振遠和美芳夫妻為了節省租房的費用，婚後跟公婆同住。從他們婚後第一天起，婆婆就盼著美芳能快點生個孫子。好不容易生下了一個女娃兒，婆婆又催促著再拼一個男丁。由於每天必須朝夕相處，振遠和美芳為了圖個清淨，趕緊再懷上第二胎，好轉移老人家注意。

但孩子生了，清淨卻沒跟著來。美芳發現公婆白天帶孩子時，會放任孩子看電視、玩手機。孩子的規矩和紀律越來越差，可她在管教孩子時，公婆又會介入，孩子漸漸學會向爺奶討救兵。

和先生討論此事時，振遠雖支持美芳的立場，試圖跟爸媽溝通，但老人家總無法接受的說：「你不也是我們這樣帶大的，現在還不是活得好好的，有變壞嗎？」振遠啞口無言，也無力改變，只好勸美芳睜一隻眼閉一隻眼，說老人家沒有惡意，要她忍耐。

美芳看著孩子被公婆寵壞了，卻無力要求公婆。她的孩子變成了公婆的孩子，美芳完全失去了教養權，也失去了身為母親的快樂……。

缺乏獨立能力的外在依賴——財務需求

很多時候，我們離不開一段關係，除了內在需求外，最常見的考量就是外在依賴，特別是財務問題。

當今社會低薪的困境，全職家庭主婦已很少見，無論男女都必須投入職場，這讓許多剛成家立業的夫妻，如果沒有後援，實在不敢生育。然而，即使有父母的協助，問題也不一定比較簡單。接踵而至的就是教養衝突，美芳和振遠的故事是許多小家庭的縮影。

長輩們體諒年輕人辛苦，願意主動幫忙帶孫子，這份心意絕對是良善的，也值得被感謝。但不可諱言的是，世代的隔閡、價值觀的分歧、生活習慣的落差都不是短時間可以改變的，於是兩代之間很快會出現摩擦。特別是幾番協調都無效後，雙方都會面臨一種深的挫折感。長輩會覺得自己的用心被嫌棄，而晚輩則會陷入另一種為難。不反應，得承擔孩子的品格問題；積極反應，又會遭受長輩的誤解，無論怎麼選擇都困難。

隔代教養議題經常被視為是溝通問題，但如果深入家庭結構來看，會發現這其實是權力的角力，而要贏得這場競賽背後的籌碼是經濟能力。以美芳的故事為例，站在長輩的立場，公婆不僅提供了遮風避雨的地方，同時還替兒子媳婦省下不少的保母費，在這樣的情況下，美芳和振遠確實沒有置喙的餘地。因為他們在這段關係中，已獲得極大的好處。

因此，當他們意識到父母親沒有辦法改變的時候，他們必須做出一個抉擇，即要讓對方影響到什麼程度？並且思考若要把教養權收回來，他們必須付出什麼代價？有沒有能力負擔房租或尋找合格保母、托育機構？如果選擇維持現狀，那麼將來得承擔何種風險？

唯有他們真實的面對這些問題並做出具體的改變時，他們才有可能在這段關係中取得發言權，用行動證明自己已經長大，有能力決定自己想要的生活。否則，只能聽命於長輩的安排。

一個人會對生命感到滿意，來自於他願意承擔所有的責任，不把自己的重量轉嫁到他人身上。因為當你依賴的越多，你所得到的自由就越少。絕對不可能有一種關係是可以滿足你所有的需求，卻不用付出任何代價。獨立不會從天而降，那需要你花力氣爭取與捍衛，證明你負擔得起，才能贏得別人的尊重，否則也是另一種勒索。

想要在人際中擁有割捨的權力、活得自在不委屈，你必須讓自己有足夠的實力，敢離開任何的關係，而不感到恐懼，這需要內外在許多條件構成。成長從來就不是輕鬆的路，然而只要你願意牢牢地站在問題的對面，好好的面對，事情通常都沒有你想像的棘手，最困難的往往是第一步。

第10章

心委屈了，卻走不了

啟明從事創作工作，幸運的是他一出道，就被一位前輩賞識，介紹了不少好機會和人脈給他，讓啟明很快的就在圈子裡有一個立足之地。但隨著兩個人的互動越來越密切，前輩開始干涉啟明的創作，經常毫不留情的批評他的作品：「這個設計太過草率，你是剛出道的菜鳥嗎？怎麼會犯這種低級錯誤」、「你這種作品要別人付錢買單，你臉皮會不會太厚」等等的話，讓他大受打擊。

於是啟明開始減少和前輩碰面，前輩察覺後又安撫他：「有什麼需要儘量來找我，不要一個人埋頭苦幹，這一行講求合作，團結大家才有飯吃。」或「後生晚輩中，我最欣賞你，只要你開口，什麼忙我都幫。」這讓啟明很困惑，不曉得如何拿捏和前輩互動的分寸。啟明甚至花時間去學習溝通的技巧，可是情況沒有改善。前輩仍會用難聽的話否定他，之後又假裝這一切沒發生過。和前輩說話後，他的心中總是滿滿委屈。

朋友一直建議啟明另尋出路或許會好些，但啟明很擔心自己的知名度有限，離開前輩，客源會中斷，甚至會留下不好聽的名聲，所以始終下不定決心離開。

缺乏自信的外在依賴——能力不足

記得小時候，老師經常告誡我們要「站在巨人的肩膀上」才能看得更廣，鼓勵大家要懂得借力使力，不要埋著頭閉門造車。不少書籍也告訴我們要經營「人脈」，發揮綜效，才能讓自己更快被看見。所以我自己第一次創業時，也曾和啟明一樣努力找業界大佬提攜自己，或是尋求知名平台合作提高公司的曝光度，總覺得沒有這些有力人士的幫忙，很難在險峻的市場中活下來。

正因為先假設開拓市場非常的困難，所以心裡會一直覺得必須借助別人的力量，才可能有所突破，把所有的心思都花在怎麼讓別人看上自己，而不是真的花力氣認識市場。等到別人真的幫忙了，又會擔心如果少了這個資源，營運會受到很大的影響，更加不敢離開，想方設法討好對方。而對方也知道你有求於他，所以姿態越擺越高。這時我才意識跟巨人合作其實沒有那麼容易，因為你很難判斷巨人的喜好，會不會隨時把你摔下來？莫名其妙發脾氣並遷怒於你？

不只創業會遇到像啟明這樣的掙扎，許多上班族也有同樣的糾結。特別是那些進入大企業工作的人，一段時間之後，即使工作不開心也不敢輕易離開，因為害怕離職之後，就失去光環，所以不斷地說服自己忍耐。

這麼說並非否定借重他人力量的價值，或是認定所有在大企業工作的人都沽名釣譽，而是當我們一心想追求更快、更好、走捷徑時，很可能就掉入思考的陷阱，本以為會比較輕鬆，事實上並不然。畢竟在巨人腳下排隊的人潮不見得比較少，既然躲不開競爭，為何不把同樣的心力拿來充實自己？而不是討好另一個對象。有時靠自己的腿爬上樓，比坐電梯更快。太依賴別人的幫助，反而容易讓自己失去方向和判斷。

啟明之所以離不開前輩，是因為他不相信自己有能力開發市場，透過自己的力量贏得別人的信任。所以即使知道這段關係不對等，也不敢輕易離開，卻忘了待在寄生關係越久，只會越失去對未來的控制權。如果他沒有決心彎下腰，把手弄髒，努力耕耘自己的品牌，那麼他永遠只能當別人事業的佃農。

啟明表面上需要切割與前輩的關係，但其實前輩只是啟明心理的投射，**他真正需要割捨的是對權威的崇拜與依賴，如果他沒有覺察到這一點，那麼他只會攀附一個又一個山頭，而不是花力氣充實自己的能力與價值**。

啟明若想讓自己與他人的關係，從不對等的「寄生」關係，變成是相互滋養與扶持的「共生」模式，他必須戒掉對他人的依附，努力建立屬於自己的芬芳。因為花若盛開，蝴蝶自來，一旦擁有別人取代不了的專業與能力，人脈和客源都是遲早的事。

第三部——

清理關係前，先從清理心開始

第11章

別讓罪惡感吃掉你的行動力

許多人之所以無法下定決心離開消耗你的人，最主要的原因來自於「罪惡感」，讓他不忍心切斷聯繫，或做出讓對方不開心的調整。他們心中經常會有一種如影隨形的虧欠，覺得拒絕他人的要求，是種自私的行為。

之所以會有這樣的反應，有可能是來自於成長經驗，爸媽、師長或重要他人透過餵養愧疚，達到情感上的操縱，強迫孩子按照自己的期待生活。例如：

「你吃這麼少，是覺得媽媽在廚房不夠辛苦，手藝不好，才會挑三揀四的。」

「枉費我花這麼多錢栽培你，你不學醫，叫我怎麼對得起你死去的爺爺。」

「你都幾歲了，還不結婚生小孩，傳出去還以為你哪裡有問題，你要我怎麼在外面做人？」

大人這麼做不一定是出於惡意，絕大多數都是為了孩子好，可是孩子學到的卻是，如果我不聽話，我就會讓他們受傷，我是個壞孩子。為了討大人歡心或證明自己是善良的，他們會否認自己的意願，配合大人的需要。

在這個系統裡，沒有人是壞人，卻讓孩子失去獨立思考的能力，他們沒有自己的觀點，只有別人想要的反應；他們覺得痛苦，可是就連痛苦這個感覺，他們都覺得不應該。

即便你告訴他：「你值得更好的對待，你有權利過自己想要的人生」、「你才是自己生命的導演，你可以活出不一樣的劇情」，他仍會覺得這是一種背叛，他不能辜負那些關愛自己的人。

只要割捨不掉這種念頭，就算他們想要改變，也很快的就會被排山倒海的罪惡感給拉回去，維持舊有的互動模式。

罪惡感不是先天的情緒

罪惡感是一種很獨特的反應，只發生在關係中。弄壞了一個物品，你不會對這東西有罪惡感，但你會對物品的主人感到抱歉；離開了一段關係，搬離熟悉的家，你不會對房子有罪惡感，但你會不知道怎麼面對住在裡面的人；辭掉了一份工作，你不會對工作內容有罪惡感，但你會對曾經看好你、給過你幫助的人，感覺到愧疚。

罪惡感，往往來自於你太在乎別人的評價，因為不想要讓人失望，只好選擇對不起自己。它是一種複雜的情緒，結合了悲傷（覺得對不起他人）、厭惡（討厭自己讓人失望）、憤怒（生氣自己做不到）和恐懼（害怕被懲罰）四種情緒。卻不像這四個情緒是與生俱來的原始本能，而是後天學習得來的。理解其中的曲折，我們必須先拆解這三個字「罪」、「惡」、「感」。

「罪」之所以成立，源自於一個組織，無論是家庭、宗教或社會，為了可以順利運作，人們制定了一套規則或律法，只要違反，就會被定義成一種罪，目的是讓人感覺到畏懼。

「惡」，則是依著這套規定，有了好壞之分，若違反了，就覺得自己是不好的人。

「感」，一種心理的情緒狀態。

罪惡感要能成立，首先你得先接受這裡頭的價值判斷與遊戲規則。例如在一個很保守的傳統文化裡，相信不生育，會破壞家族的團結與和諧，這時候如果有一個女性，她認同了這套邏輯，卻因為某些原因無法生育（不論是自願或非自願），她都會有強烈的罪惡感，覺得自己對不起大家，很害怕被排擠或懲罰。反之，另一位女性因為接受教育或身處在不同文化，不把生育當作是定義自己價值的唯一方法，拒絕了約定成俗的規範，那她就不會有罪惡感的產生。

也就是說，讓人有罪惡感的，不是那件事情本身，而是這個當事人認同了什麼樣的觀點與邏輯。一件讓你有罪惡感的事情，換到另一個環境，也許沒有人會覺得有什麼不妥。

罪惡感存在的價值是為了癱瘓你的行動和思考能力。

有了這一層認識，我們就可以再回頭思考，當碰到人際清理中最常見的心魔時，可以怎麼因應？

感情的決擇

子豪和女友愛情長跑已經十二年，長輩都等著吃他們的喜酒，可是子豪卻越來越沒把握。他和女友是大學班對，出社會也都在銀行工作，生活作息相近，許多事情可以互相照應，日子過得平淡卻幸福。

可後來子豪受不了銀行一成不變的生活，決定改行當室內設計師，兩人衝突就越來越多。女友抱怨他一畫起圖來就沒天沒夜、經常出入工地把自己弄得髒兮兮、收入不穩定等等，每次見面都得小心翼翼，深怕一個不小心又惹女友不開心。子豪感覺到彼此的差異越來越大，可又不敢提分手，覺得自己耽誤女友多年的青春，害怕被冠上負心漢的罪名，讓他遲遲不敢正視感情的問題。

在這個故事中，子豪覺得自己「有罪」的原因，來自於他從小就被教導，男生需要照顧、保護女生，不可以讓女生難過、傷心，如果有了親密的行為，就更應該負責到底，否則傳出去，對女生的名聲不利，以後會不幸福。這讓他覺得自己應該給女友一個名份，才不枉女友花了這麼多年的時間在他身上。

可理智上，他又明白繼續這段關係，爭執只會越來越多，即使結婚恐怕也會相敬如「冰」。這讓他有了分手的念頭，但這個想法又牴觸了原有的信念，讓他十分矛盾，於是罪惡感就出現了，藉由癱瘓他的行動與思想能力，讓他僵在原地，沒有任何新反應，就不會違反規定。

也就是說，罪惡感雖然會造成當事人的痛苦，但其實透過罪惡感，當事人就有理由不做出任何改變，減少關係的拉扯與衝擊，是一種自我保護機制。

改寫規則，才能打破罪惡感

一個人不做出改變，是因為在舊的方法裡，他是有好處的，無論他本人是否有意識。如果你希望他作出調整，不是說服他舊方法有多差，而是讓他發現新的選擇，同樣能夠為他帶來許多裨益，甚至比他想像的更多。因此你也必須重新檢視，自己舊有的價值觀是怎麼來的？隨著時空的轉變，這套邏輯還適用嗎？如果不適合了，可以怎麼調整？

如果子豪理解他的價值觀，其實源自於傳統父權社會，當時女性沒有就學和就業的能力，生存不易，只能依附在男性底下，所以道德上才會要求男性勇於承擔。但隨著時空的改變，現代女性都擁有獨立思考和經濟能力，這個時候若只為了生存和繁衍的目的結婚，忽略自我的需要以及精神上的契合，即使進入婚姻，關係變得更緊密，仍會覺得空虛、孤單。

如果室內設計是子豪的熱情與夢想，試著讓女友了解和認識後，仍無法讓她安心、縮小差異，那麼最好的做法，就是放手，讓彼此有更大的空間成為更完整的人，而不是為了在一起，壓抑自己真實的感受與想法。

「耽誤」，是明知對方會不幸福，還執意把對方留在身邊。真正負責的表現，不是給對方名分，而是坦承心裡的擔憂，如果對方無法接受，那麼分手才是對彼此最好的選擇，彼此去追求更適合自己的幸福。打破舊有罪惡感的束縛，才能找回行動的能力，堅定地走過分手過程中的失落與低潮。

定期更新腦中的程式，關係才能順暢運作

當你在一段關係中，已經盡心盡力的溝通、協調，情況卻沒有任何的改善，你想要調整，卻又被罪惡感給捆綁住。不妨，重新檢視心中那套運作已久的邏輯程式，是什麼時候安裝的？這個版本還堪用嗎？能不能升級到最新的版本，讓系統可以運作得更順暢，不會因為程式太老舊而當機。

愛因斯坦曾說：「天下最愚蠢的事，就是不斷重複做同樣的事，卻期待有不一樣的結果。」罪惡感經常就是讓我們不改變、走老路最大的原因。你可以覺得自己做得不夠好，想要超越、成長，但不一定需要認定自己「有罪」，背負著沉重的包袱，會讓自己哪裡都去不了。

第12章 獨立，要歷經如分娩般疼痛的勇氣

眾多關係中，讓人最難以割捨的莫過於家庭關係，特別是與父母的互動。子女天生就會有想和父母連結的欲望，渴望擁有父母的認同，在得到關愛的同時，也會想要保護父母，不忍心看他們難過、受苦，特別是如果那個原因是自己造成或可控的話，就更困難不出手營救。

「說到底，孩子都太愛父母親了，以至於不忍讓父母感到失望。為了符合父母期待，錯過了成為自己的機會。」張曼娟女士曾在一段訪談中，談及她所觀察到的親子問題——因為太在乎，情願選擇放棄。然而，這樣的糾纏往往讓雙方生命停滯不前。

無法長大的女孩

「到底該怎麼讓我媽相信我已經長大了？」嘉瑜說出她這輩子最大的期待，卻也是她心中最難解的結。

嘉瑜二十五歲，和父母同住，每天十點前必須回家，不能在外過夜，不能跟男性單獨出門，工作地點和項目必須得到媽媽的認同，才能應徵。只要有一絲絲反抗、頂嘴，媽媽就會開始哭天搶地，控訴她不孝，不懂得體諒父母的辛苦，這讓嘉瑜非常有罪惡感。為了避免爭執，她總是勉強自己當一個乖小孩，配合媽媽各式各樣的規矩。

這樣的母女關係，造成嘉瑜心中很大的負擔，她很清楚自己和母親的關係太過糾結，界限不清，她和媽媽溝通過無數次，卻依然無法改變媽媽的管教方式。嘉瑜不只一次提到，媽媽總愛把：「養你最貴的不是學費，而是我的事業」掛在嘴邊，讓她有強烈的罪惡感。

她和媽媽不斷的陷入「要求」→「反抗」→「勒索」→「自責」→「壓抑」的輪迴中。只要媽媽一擺出受害者的姿態，她就舉白旗投降了。

嘉瑜的媽媽，原本是在一家外商公司上班，有不錯的薪水和職位，但工作上遇到了一些瓶頸，讓她備感挫折。因此，當她得知自己懷了嘉瑜後，便以育嬰的名義，順勢離職，回家帶小孩。

雖然看似是為了孩子的成長所做的決定，但嘉瑜的媽媽心中一直有個遺憾，為何她的同事都能夠繼續升遷，只有她得回歸家庭。她不斷說服自己，孩子的成長只有一次，這樣的選擇是值得的。等嘉瑜長大上學，空閒時間變多後，媽媽也試著重返職場，但因為有孩子，她害怕自己回不去外商那種講求效率的環境，想要轉行，又怕自己年紀大。她不知道如何處理這些失落和恐懼，只好用否認和逃避，假裝這些狀況不存在，她可以繼續扮演一個好媽媽，來確認自己的價值。而嘉瑜變成她取得成就感的唯一來源，只要她一直把孩子當作生命的重心，她就可以不需要去面對自己生涯的焦慮，孩子就是她這一生最得意的作品和績效。

在這樣的情況下，**母親早已把個人的「自我實現」與小孩的「自主意識」綁在一起的。她無法接受嘉瑜長大成熟的事實，因為這樣就代表著她，不能再利用媽媽的光環，取得成就感**。更無法接受孩子想要保有一些空間，設立個人的界限，因為這對她來說，是另一種不被肯定的變形。在潛意識裡，她把孩子對她的拒絕，連結到當年在工作上的瓶頸與挫敗。

人際清理，如同再次經歷「成年分娩」

這明明是媽媽人生的議題，怎麼是由孩子來承擔呢？在這樣的情況下，嘉瑜該怎麼辦？

在我前一本書《心理界限》裡提到，一個人之所以不願意與他人保持界限，往往是因為他可以從中獲得很大的好處，以至於他沒有改變的動機。在這樣的情況下，那個在關係中感覺比較痛苦的人，就必須是發動改變的人。

人際清理或設立界限最難的都不是技巧，而是下定決心看清楚問題的癥結。嘉瑜必須學會把「媽媽對她的愛」和「媽媽自己生命的課題」分開來，不混為一談，摻進太多的情感糾纏。她可以接受媽媽關愛她的事實，但這不等於她得事事聽話照做。否則，她很容易被愧疚感綁架，覺得自己有義務配合，為了迎合母親，犧牲自己真實的感受。

我告訴嘉瑜這並不容易，不可能一次到位，過程中會有許多糾纏和懷疑。在爭取獨立的過程中，她和媽媽會彷彿再歷經一次「成年分娩」，兩個人才可能徹徹底底，在生理和心理上分開來。

什麼是成年分娩？

青春期時，因為賀爾蒙不穩定，我們總是一不小心就會跟爸媽有衝突。然而，老天爺這樣安排，目的不是要讓親子們互相傷害，而是透過這個動盪的過程，讓爸媽和子女的關係有所改變，進而邁向各自的人生道路。

在這個階段，孩子的發展任務是確認自我的價值，慢慢從他人肯定轉向自我認同。這意味著爸媽必須開始放手，讓孩子有空間做各式各樣的嘗試，他才可能找到屬於自己的定位。此時，適度的叛逆，將幫助父母更快的意識並調整相處的方法，給予孩子更大的空間，可以探索自己的潛力。

同時，卸下教養責任的父母，剛好可以回過頭，把焦點拉回到自己身上，面對下一階段的人生任務，統整出自己來到這世上的使命與任務為何，進而讓老年生活具有意義感與重心。

獨立的過程必定會帶來許多拉扯，父母和子女雙方都會歷經很大的心理壓力。然而，分離仍是必然的環節，就像是胎兒時期，小嬰兒要從媽媽的產道裡出生，媽媽得忍受巨大的疼痛，剪斷「臍帶」，孩子才能夠誕生於這世界，獨立用自己器官，維持生命機能。長大後，要從依賴慢慢走向自主，一樣要割捨來自家庭的「期待」，才能長出自己的模樣，而不是爸媽意志的複製品或魁儡。

一如出生時得忍受強力的擠壓，成人分娩的過程，同樣會伴隨眼淚與爭執，目的是讓彼此看清楚差異的存在，挪出空間，讓彼此自由生長。有些人的叛逆來得早，有些人晚一點，但**適度的叛逆絕非壞事，而是意味著這個人開始想擁有更多的心理空間，邁向真正的獨立。**

那些在家庭中，感受過成功分離經驗的孩子，將來面對工作與生活上其他的關係，會更有能力做出適當的取捨，有勇氣割捨不良的關係，不會為了做好人或愧疚感，而一再被綁架。反之，在原生家庭裡不被允許擁有自我意識，只能乖乖聽話的人，即使出了社會，關係上的問題仍會層出不窮。而他們年邁的爸媽，也因為可以一直把焦點放在孩子身上，逃避面對自己空巢期或死亡焦慮。雙方都不曾有過真正的獨立，不論他們真實的年紀有多大，他們在心裡頭仍緊緊的共生著，滿足彼此的匱乏，缺誰都不可。

界限，是付出愛的前提

人的一生會出生兩次。如果說第一次出生，是身體上的分開；那麼第二次分娩，就是心理上的獨立。

不一樣的是，這一次我們是有記憶和感覺的，所以**我們不會像小時候，那麼不顧一切的想要冒出頭，趕緊完成獨立的儀式。我們會徬徨、會猶豫，會擔心自己是不是做錯了，否則為何彼此都這麼疼痛？**這裡頭有很深、很深的愛與羈絆，但唯有堅定的離開，父母才有空間去追尋自己的意義感。媽媽的寂寞和空虛，不該由孩子來負責，她需要自己學會消化。

割捨不是放棄，而是明白各自都有更重要的任務需要完成。為了讓彼此成為更完整的人，我們必須學會清理關係裡慢慢滋生出來的包袱，並設立合理的界限。唯有清楚的界限，我們才能夠在「親密」和「獨立」之間找到平衡點，在建立連結的過程中，不失去自己，不讓愛變成是傷害的來源。

如果你對父母有一種莫名愧疚，覺得他們為自己犧牲這麼多，似乎不該擱下他們，過自己的人生，害怕成為別人口中自私的人。**或許可以問問自己，這麼做真的是出於關心和愛？還是另一種逃避，讓彼此都不用面對生命此刻真正需要克服的挑戰？**

愛，不只是付出與佔有，必要時，選擇放手，是為了讓彼此都能成為更完整的人。

第13章

不害怕失去，才能真正擁有

任何的改變必然都會有些磨合、適應期，清理的過程總難免會有些磕碰，當你試著把距離拉開時，對方很可能會因為不習慣、被拒絕，而對你生氣、指責、疏離、嘲諷等或大或小的情緒反應，進而讓你懷疑自己是不是做錯了？或是擔心被報復或排擠？如果此時你因為太過害怕，又選擇討好、順從、屈就這些與過往相同的反應，就等於告訴對方這麼做能有效控制你，你們的關係將會越來越傾斜、不對等。

追求零負評，常常讓自己身心俱疲

有位讀者曾問我，她的同事常常移花接木，假借主管的指令把自己的工作推給她，這讓她很困擾，她該怎麼處理？

我花了一點時間理解她的處境，明確的區分出哪些是她該負的責任，哪些工作必須還給同事。但只要我邀請她把自己的立場說清楚，拒絕不合理的要求時，她就會面有難色的回應：「可是……但是……不過……。」

到最後我終於搞清楚，令她糾結的點，並非她不清楚怎麼回絕同事，而是她不想承受同事被她拒絕後，瞬間變臉的尷尬。她問過許多朋友、專家或諮商師同樣的問題，企圖從別人口中得到一個完美的方法，既可以讓她不用再承受同事的騷擾，同時還可以保持熱心、慷慨的形象，不會引來任何人的不滿或批評。

但這個期待是注定會失望的，因為我們無法控制別人的反應。不論錯的是誰，當我們拒絕後，還要對方做出你喜歡的反應，那麼我們就和對方一樣，都落入了操控別人的陷阱。

我們唯一能做的事情是把自己說清楚，至於對方要怎麼反應，那是他的選擇，你必須尊重，才能在這段關係中開啟新的互動模式。否則，你們只是用不同的手段在勉強對方罷了！

你該花力氣追求的不是更多無痛分娩、無縫接軌的溝通技巧，而是好好釐清為何他人的排拒，會對你造成這麼大的影響？你究竟在害怕什麼？是這個人，還是他背後能滿足你的誘因？

也許這位讀者的擔心，也正是你心中的恐懼，因為不確定對方會怎麼回應，會不會給自己擺臉色，而選擇默默承受。在你的想像中，關係若有衝突，就等於分裂、斷絕，以至於你寧願守著殘缺、痛苦的互動，也不願意告訴對方自己真實的感受。

表面上，你看起來和善，並努力和大家保持一定的友好關係，但你卻不一定對關係有真正的安全感，不相信對方是真心喜歡你，常常會有一個擔心是「如果我把真實的想法說出來，對方就會離開我。」從未在關係中，感受到真正的接納與歸屬，很難相信即使彼此想法有落差，依然無損於自己在對方心中的價值。

因為害怕失去，緊緊握著，卻沒有發現手握得越緊，得到的就越少。

透過割捨重建自我概念

清理，某種程度不只是盤整舊有的關係，也是一種重建自我概念的過程。透過一步步的調整，把自己說清楚，慢慢收回對外界的依賴，戒掉從他人口中獲取認同的習慣。更重要的是，學會區分出自我與他人的情緒界限，不再把別人的情緒都當成是自己的責任，覺得對方不開心，就是自己的「錯」。

因為在清理的過程中，不管你做得再小心，表達得再委婉，對方都有可能會不開心，那不全是你的問題，只代表他也有自己的情緒和失落需要處理。如果你太過在乎他的反應，你就離開了自己的守備位置，會造成更多的失誤與漏接。

我們可以理解對方需要一點時間適應新的你，儘量提升自己的溝通能力，減少對方在過程中的誤解，但不等於你必須找到十全十美的做法，確保對方能心甘情願接受，你才能行動。這麼做只是把最重要的選擇權又拱手讓給對方。

割捨，難免會有摩擦，卻不必然等於決裂。你可以把對方的質疑或挑戰，當成是他對這段關係的重視，因為害怕失去你，也想緊緊抓住你，只是他不懂得用更好的方式留住你。

你可以告訴對方或在心裡默默覆誦：「是的，你可以感覺不開心，決定疏遠或表達不滿，那是你的權利。而我決定做出改變，是因為我想為自己的生命負責，追求更平衡的互動，我相信這麼做會讓我們彼此更舒服。如果你願意跟上，我衷心感謝，如果你決定離開，我由衷祝福。」此時，你的調整與改變，正是最好的示範，什麼叫做平等、公平的對待。

鼓勵你在進行人際清理時，可以把這段話，寫在便利貼上，放在視線最容易接觸到的地方，時時提醒自己，為自己撐把傘，堅定地穿越過程中的風雨。

別因為害怕，而先替自己設限。清理，是為了讓你們好好了解彼此。如果你從不表達，又怎能冀望別人真正認識你呢？

第四部——

開始清理

第14章

先清理搶戲的淺社交

英國的演化心理學教授羅賓・鄧巴（Robin Dunbar）曾發表了一個著名的研究，名為「鄧巴數字」（Dunbar's Number），他發現每一個獨立的個人，所建立的社交網絡平均最大值為一百五十位，其中能緊密互動的，大概只有五位。

雖然這個理論早在一九九〇年代，網路尚未盛行前就已經被提出，但即便如此，最新的研究報告所得到的數字也還是相去不遠（臉書使用者平均有一百五十五個好友），且真正遇到困難時會尋求幫助的人，只有四位。

為何通訊發達的今日，依舊無法突破這個數字？因為「時間」和「注意力」都是有限的資源，不管我們再怎麼用心經營，一天只有二十四小時，是任何人都改變不了的事實。此外，任何一段關係要從陌生到熟識，需要歷經的過程，同樣也是無法快轉的，網路只是加快了訊息傳遞的速度，但你仍舊得透過許多實質的事件和互動，才可能好好認識一個人，決定自己是否要信任對方，願意讓對方走進自己的世界多深。

不過，這些社交軟體雖然無法擴大我們建立真實關係的數字，但他們卻盡責地保留許多曾出現在我們生命中的對象。那些過去畢了業、換了工作，可能就從記憶中消失的名字，現在卻完封不動的保存在網路上。這些在真實生活中，已經沒有連結或互動的淺社交，如果沒有刻意清理，隨著生命的前進，累積的帳號只會越來越多，瓜分我們的專注力。

唯有你主動整理、盤點這些萍水相逢的社交關係，你才能把珍貴的注意力，放在值得維護的關係上，如此幸福感才有可能降臨。忙碌不等於充實，當你能夠區辨出什麼樣的關係和互動，是最能讓你感覺放鬆與自在，你就會明白割捨並非無情，眷戀也不等於深情，很多時候是「恐懼」與「習慣」，讓我們沒有進一步地做出改變。

此外，先從外圍的關係開始清理起，還有另一個好處是，因為割捨的過程難免會有些疼痛、顛簸，遭遇質疑，讓我們以為自己做錯事，而想要縮手，回復原狀。這時候，先從外圍的關係盤點起，再慢慢進入核心關係，能幫你逐漸熟悉清理的流程，提升信心。更重要的是，透過一次次的篩選、切割，我們也能開始懂得自己的標準、原則、喜好，進而更加認識自己。最後，學習將寶貴的專注力，投入在能讓自己持續發揮價值且互動起來是輕鬆、相互理解的關係裡，一起成為更好、更快樂的人。

第一階段：整理社交網絡

根據鄧巴數字，一個人最多能經營的關係數量是一百五十個人，而臉書、Line 的交友上限卻是五千人，幾乎是正常人可以承受人數的三十三倍？難道使用這些工具，真能讓我們變得更會交朋友嗎？

答案絕對是否定的，通訊軟體之所以訂出如此高的數字，主要仍是為了商業目的。透過好友不停地更新、傳送新訊息，佔據你的注意力，讓你可以持續停留在上頭，以提升廣告效益並刺激消費。同時，改變你接受訊息的方式，成為你理解世界的入口，全面性影響你的思考、情緒和行為反應。

可使用一段時間後，你是否慢慢發覺：

「瀏覽朋友的動態訊息，消耗你許多時間，而你真正想關注的事情，卻被埋沒在人海中。」

「常常有一種錯覺是，不知道自己的下一步該怎麼走，卻對別人的動向瞭若指掌。」

「總覺得別人的人生都過得愉快，只有自己活得烏煙瘴氣。」

是時候，整理並過濾訊息來源了，透過有意識的管理每天需要接觸的人事物，從根本改變你對生活的認知。

找出影響心情的烏雲

請花一點時間，打開你手機或電腦中正在使用的社交通訊軟體，點開「朋友欄」，看看裡面有沒有哪些人的發言，常常讓你感覺到不舒服，例如：經常分享極端的想法、文章、不停的抱怨、內容空洞的自拍或感想、會莫名攻擊或挑釁他人等等，任何你覺得會影響心情的人，你都可以將他們從你的心理空間移除，不再花心力消化這些訊息。

因為你的瀏覽、留言或按讚，正在提供他們能量與養分，繼續製造讓你覺得毫無價值的訊息，甚至傷害你的情緒。別讓對方的烏雲，遮住你世界的陽光。

移除時，你有兩個選擇，假如你很確信這段關係不會有任何互動，對方後續的任何反應都不會影響到你，你可以直接按下刪除或封鎖鍵，讓對方徹底無法再跟你有聯繫，或得知你的消息。

但如果你只是不喜歡這個人的發言，偶爾仍需要聯絡，或顧慮對方如果知道你解除朋友關係，會造成你實質的困擾，你可以先選擇「取消追蹤」。光是這個動作，單方面將對方從自己內心移出，就可以省下你許多瀏覽、駐足的時間。

同時，記得設定將來任何人想加你為好友，都需要先經過你的同意。避免過多的關係與資訊，消耗你的注意力和內在空間。

手機通訊錄的整理

不只社交軟體上的關係需要整理，手機通訊錄也需要定期清理。一些從沒打過的電話、只是交換過名片的點頭之交，或是很久沒有聯繫的同學、同事、朋友、客戶、廠商，將之刪除，減少手機記憶體的負荷。或許有些人會不解，現在儲存、雲端空間都很方便，容量甚至到無限大，根本用不完，為何要多此一舉做這個動作？況且如果哪一天需要聯絡該怎麼辦？

必須承認，這一個動作的心理意義大於實質需要。通訊錄名單不若社交軟體，會製造許多聲響、刺激，消耗你的注意力，**清理的目的比較像是盤點你已擁有的資源，並將注意力留在此刻對你而言，想珍惜維持的關係上。**畢竟，你會擁有對方電話，代表你們生命曾經有過某種程度的交集與來往，還能繼續留在你通訊錄裡的人，應該都是你會想再見面的人，時不時的回顧、檢查，也算是一種提醒，記得問候與關懷對方。

至於哪一天若需要聯絡怎麼辦？這個問題就像是你捨不得丟棄舊東西，心想總有一天會用到的意思是一樣的。那一天，發生機率是微乎其微的低，而且到那個時候絕對有別的方法或物品可以取代，不需要佔用現在的空間，為一個不確定會不會發生的狀況做準備。

重要的不是東西該不該被留下來，而是我們願不願意相信自己有能力應付各種變化。

同樣的，有些人如果已經從我們生命中淡出，感謝對方的陪伴，是你能為這段關係畫上的最美的句點。

與其相濡以沫，不如相忘江湖。假使有一天還有緣分重新聯繫，老天爺會留下線索讓你們可以繼續來往。

第二階段：清理群組與合作對象

清理完比較外圍的關係後，接著你會開始面對一些目前你仍有互動，可是已經造成負擔的關係。例如：各式各樣的群組（家族、工作、個人興趣、子女學校的家長群組……），每天被各種長輩圖、問候圖、未經查證的文章、折價券等訊息轟炸。

首先可以花一點時間評估是否還要繼續留在這些團體中，如果覺得已經沒有實質的效益，可以選擇退出。但如果仍有些顧慮或責任，如工作群組是無法輕易離開，這時就先關閉聲音通知，不讓外界的干擾打斷你生活的節奏，在你覺得行有餘力時，再點開處理。

不過由於群組涵蓋的人員較多，裡頭有些人可能是你還在乎或想繼續互動的，因此在退出時，你可以簡單的說明自己離開的原因。例如：想要減少使用手機的時間，並感謝大家過去的陪伴，如果有事需要聯絡，可以來電聯繫後，就直接退出。

理由不用太過詳盡，只需要做到通知，你不需要得到任何人的允許才能退出群組。**表達禮貌和感謝，是為了讓我們轉身的背影優雅從容些，而不是乞求。**提高外界聯絡你的難度，才能判別哪些事情非你處理不可，或必須讓你知悉，而不是無差別的宣傳與告知。

辨識出一再耗損能量的豬隊友

除了社群朋友外，此時你也可以花一點時間，盤點一下日常生活或工作中，有沒有跟哪些人、店家、合作廠商、窗口互動，特別容易讓你發火或失控的。

舉例來說，遲到是一件最令我難以忍受的事情，因為我覺得絕大多數的行程都可以透過事先安排，好讓自己可以好整以暇的抵達，假使一個人經常遲到，我就會推測他並不在乎這段關係，既然如此，我也就沒有必要再把注意力放在他的身上。

同時，我也發現自己不僅在乎對方是否有時間觀念，進一步對方承諾完成的事項，是否有如期完成，也會是我評估的焦點。如果互動一段時間後，我發現對方經常更改約定好的協議，找各種理由搪塞，任何的提醒或建議都無效後，我就會慢慢地讓對方遠離我的生活圈。

或許，你會擔心有些事情或關係，不能說斷就斷，該怎麼辦？在這樣的情況下，我會評估最多讓對方影響我的程度、時間、費用為何？也就是說設下一個停損點，而非無止盡的包容，只要一碰觸到這個底線，就不再聯繫。而先前已經付出的心力，就當作是學經驗，不再花力氣糾結與悔恨，把位子讓給下一個更值得的對象。

假使決定權真不在自己手上（如主管交派），我會試著做內部溝通，同時找尋更優秀或有利的合作對象，讓主管發現改變是對自己更有利的選擇，進而把期待放在更適任的人身上。如果狀況還更複雜，內部溝通不僅無效且已經嚴重影響你的情緒，可能你需要清理的不是廠商或同事，而是重新去評估這份工作對你的價值。

也就是說，清理不只是讓不適合的人離開，也包括了有能力辨識並建立合適自己的關係網絡，一旦察覺彼此不合適，就有勇氣割捨或置換（詳細做法可參考下三章）。

第三階段：檢視實際交流

完成了以上兩個步驟後，假如你還有些關係不會出現在手機上（或手機並不是你維繫關係的工具），但在現實中你仍會常常想起對方、有實質互動，對方在你心中佔據很重要的位置。你可以拿一張紙，把這些人的名字逐一寫下。

然後，一一檢視你和他們關係的品質，有哪些你會想繼續留下？哪些已經造成負擔，你想要調整改善，甚至清理？

由外到內、由疏到親，盤點完一輪後，大體上你的人際關係網絡已經被檢視過一回。這時，你會發現有些人，你可以很輕易的說再見，但有些人明明讓你很痛苦，可是因為各種原因，讓你難以割捨。

第四階段：找出無法割捨的原因，勇敢面對心中恐懼

面對難以割捨的關係時，請仔細思考他們讓你覺得困擾的原因為何？特別是你的「害怕」，請誠實的寫下你的擔心，不管是基於內心的需要，還是外在的依賴。寫下來，不等於就一定要跟對方決裂，而是看清楚我們真正需要面對的心魔為何，那些卡住你的關係，往往都存在著某些你未能滿足的需求，是某種渴望的化身，若只是武斷的割捨、切割，很可能會造成更多反撲與後遺症。

也就是說，「清」，只是一個啟動，讓我們知道有狀況需要被排除，重要的是後面的「理」。怎麼理出個頭緒，用邏輯、理性的方式面對，不讓問題重蹈覆轍，才更要緊。

清理心理空間的範圍，包含任何你覺得，

1. 感覺壓力、有負擔的關係。
2. 已經持續一段時間，仍無法解決或消除不舒服的感覺。
3. 你無法忽視，卻不知道該怎麼處理的關係。

如果你希望生活過得清爽、不糾結，以上這些狀態都值得你花一點時間好好探索、清理。很多時候，卡住我們的不一定是外界的事務，而是我們內心的想像。想是問題，做是解答。無止盡的思考，只會讓我們停在情緒的迴圈中，看不到出口。當你願意為自己做一個決定的當下，無論決定或大或小，你已在心中種下一個行動的意念，化被動為主動，為自己的相信而努力，而不是等待別人救贖。

唯有你決定生活裡只留下合適自己的選項，那些錯置的安排，才有機會從你的生命中消失。

第 15 章
改寫那些卡住的念頭

有時，關係之所以會造成我們的壓力，不一定是對方具體提出什麼要求，而是我們對自己的期待或對事物的信念，限制住關係的可能。過去很有用的價值觀或做法，隨著時間的推移，已經不合時宜，我們卻沒有與時俱進、重新調整，慢慢演變成新的負擔，例如：孝順就是完全聽爸媽的話、客戶一定是對的要努力讓對方滿意、和伴侶吵架會破壞感情，無論如何先道歉就對了等等。

不管脈絡的變化，繼續堅持信守這些念頭，不做任何調整，關係就會出現問題。但不代表這段關係需要被丟棄，只要懂得修剪對關係的雜念，放下讓彼此疼痛的期待，相處狀況就會改善，不需要每一次都大費周章的切斷關係，有時只需要一點微調，就能幫助自己找到舒服的運作狀態。

我們可以照著下面四個步驟，好好找出心中那些不合時宜的念頭。

一、釐清讓自己感到壓力的想法

我們可能很容易發現關係所帶來的痛苦，一想到就覺得有壓力，卻不一定能說清楚自己究竟卡在哪裡。因此，需要你先花一點時間回顧與整理。

請你拿出一張紙，思考以下兩個題目：

1. 在你覺得不舒服的關係中，對方說哪一句話，特別容易踩到你的地雷？讓你覺得有壓力？例如：「幹麼那麼計較」、「我以為你很愛我」……。

2. 你在內心常對自己說的話，只要一想起這個念頭，就覺得很無力？例如：「如果拒絕了，是不是就沒機會」、「我不想要被討厭」……。

其實這些小聲音就像病毒一般深植於你的大腦，讓你常常不假思索做出違反心意的決定。

以第七章子彰的故事為例，他的負擔來自於「不想讓人失望」，所以只要對方不滿意，他就會很緊張，開始想解決方法，想要消除對方的負面情緒。需要靜下心，把容易讓自己當機原始碼抓出來，才能重新改寫，安裝新程式，讓大腦做出不一樣的反應。

二、思考維持這個信念有什麼好處？

面對痛苦，我們直覺就會想要把它消除，覺得只要不喜歡的事物消失，生活就會變快樂。但這麼做，通常只能得到短暫的紓解。因為對大腦來說，並沒有所謂好習慣或壞念頭之分，只要這件事情還能滿足當事人某些需要，它就會被保留。如果你沒有釐清痛苦存在的價值，並找到取代的做法，滿足因為移除痛苦而空缺的需要，不良的習慣或想法仍會找到縫隙，故態復萌。

換言之，找出困擾我們的信念或小聲音後，並不是直接刪除或禁止，而是**進一步分析為何這個信念有存在的必要，它曾滿足我們什麼需要。**

業務員子彰因為不願意讓人失望，所以別人對他的印象，就是能幹、負責、與人為善。這幫助他可以很快適應團體生活，受到大家的喜愛，並在高度競爭的環境中生存下來。這樣的保護色讓他免去許多衝突，不容易被當成箭靶。同時也可能因為不輕易放棄，常常激發出許多潛能，化解許多危機，讓他覺得生活充滿刺激與變化。

當你靜下心，不帶預設和評論地一一把自己的念頭釐清，我們才有機會看懂習慣運作的路徑，找到改變的切點。

三、找出真心想滿足的需要是什麼？

信念雖然帶來了制約，卻也有其存在的價值，兩者是相生相息的。有了這一份認識，我們才會知道哪些東西是需要被保留，而哪些其實是負擔，是可以割捨的。

因為每一個害怕背後，都有一個我們更想要靠近的自己。

一如子彰在要求自己「不可以讓人失望」的底下，他真正想得到的其實是「被接納和認同」，而非不知道如何承接、安慰對方情緒。

同樣地，在職場上，當我們因為害怕被忽視，對主管或同事的要求一律來者不拒，其實我們真正想得到的是「被重用」、「被肯定」，而不一定是不懂得拒絕。或是在親近關係裡，因為害怕被拋棄，而自願付出，目的是為了「連結」，而不一定是喜歡犧牲。

明白了這個盼望，我們就能重新改寫心中的小聲音，讓它變成是更有力量的語言，放下對自己不合理的期待與要求，不再自我剝奪。

四、學習用新的角度重新改寫

在找到真正的核心渴望後，我們就可以思考滿足這個需求有哪些方法，不一定需要用舊信念來驅動我們行動。就像一樣要吃飽，可以外食，也可以親自下廚，假如外頭的食物吃膩了，偶爾自己動手做菜，所帶來的滿足感說不定還更高。只是人很容易被習慣綁架，少了彈性，就看不到其他的可能性。

子彰在了解自己的認真與努力，目的是獲得接納與認同後，他問了自己一個重要的問題：「努力達成對方的要求，真的有讓我贏得對方的喜愛嗎？如果我承認不足，對方就遠離我，這樣的關係是否還值得維護？」

透過一步步釐清，他發現原來「害怕別人失望」的背後，藏著一種隱微的姿態是「討好」，好像不管誰來，他都得讓對方滿意。

相信很多人都像子彰一樣，非常在乎外界的評價。直到有一天你意識到不管怎麼做，都會有人不滿意，你才明白這個想法其實是個死胡同，越往裡頭鑽，只會越動彈不得，**你沒有義務滿足所有人的期望，卻獨漏自己。**

外界的認同，就像是冰涼的汽水，剛開始，清涼帶勁，卻會越喝越渴，越渴就越拼命追，唯有停下來，學會「自我接納」，才能帶給內心真正的平靜與滿足。

於是子彰才會將「不願讓人失望」的信念，轉換成「我有權決定想對誰好」，他依然可以成為一個善體人意的人，喜歡幫助大家，但這些行為並非是基於內心的匱乏，乞求他人的認同。如此，若別人的舉止讓他不舒服時，他便能選擇回收自己的慷慨，從一味的迎合到有條件答應，慢慢長出屬於自己的界限，做一個善良但有原則的人。

職場是如此，面對家庭我們也能這麼做。

停不下來的陀螺

欣揚是個非常孝順的孩子，由於家境清苦，父親又沉迷於賭博，所以他一上高中就開始打工。大學畢業後，除了白天正職工作，晚上更是四處兼職賺錢，把所有休息時間榨得一滴不剩。

長期過度工作，讓欣揚健康狀況一直很不理想，經常感冒生病。身旁的家人朋友都勸他「賺錢有數，身體要顧」。欣揚理智上知道，可心裡就是停不下來，他覺得自己是家裡唯一的支柱，沒有休息的權利。

儘管他從沒怨過任何人，也願意承擔經濟重擔，可家庭仍成為他生命中，不可承受的包袱。慢慢地他回家的時間越來越短，和家人的互動也越來越少。他覺得自己像是關在籠子裡的老鼠，每天努力在轉輪上奔跑，卻哪裡都去不了。

一、釐清讓自己感到壓力的想法

在這個實際的案件中，我幫助欣揚釐清他的想法，他發現儘管自己的努力和付出，絕大部分是為了家庭，但造成他壓力的來源並非家人，沒人逼他一定要拿錢回家。可欣揚還是無法停下腳步，他察覺到自己每當一安靜下來，心裡就會產生莫名的恐懼感，緊接著腦中會跑出一個聲音：「居然敢休息，你以為你時間很多嗎？」

這個「必須持續不斷工作」的想法，讓欣揚感到莫大的壓力，覺得自己隨時隨地處於一種高焦慮的狀態，就像是一台失控的跑車，只有油門，沒有煞車，沒辦法減速，連小小的轉彎都會造成莫大的危險。持續這樣下去，最後要不是油料耗盡，就是撞上其他東西，才能讓他停下來。但不論哪一種結果，他都抵達不了自己真正想要去的地方。

二、思考維持這個信念有什麼好處？

雖然「持續不斷的工作」讓欣揚很疲勞，但仔細思考後，欣揚也了解這個信念，讓他可以不複製父親的行為（一個不負責任、逃避、消沉的人）。他完全活出和父親不一樣的特質，認真、勤奮、努力、堅持，並得到許多人的肯定與認同。

這是痛苦，帶給他的禮物。

但在欣揚長年的努力累積下，其實已經擁有不少專業和成就，他很清楚自己不可能變成第二個父親，那為何他還需要緊緊抱著「持續工作」不放呢？

在我的追問下，欣揚慢慢發現那個停不下來的恐懼背後，藏著是更多對母親的罪惡感。

因為母親直到現在不管是炎陽還是酷寒，每天仍需要辛苦的出外做勞力工作，這讓他覺得很心疼，愧疚自己沒有能力讓媽媽過上好日子。所以，在目標還沒達成前（買到房子，讓媽媽可以退休），他都覺得不能停，否則就是自己錯。

這份對母親的心疼，是他用力奔跑的燃料，只是他沒有發現，他跑得越快卻離母親越遠。

三、找出真心想滿足的需求是什麼？

有了這一層了解後，我帶著欣揚再回頭檢視，他想對媽媽好，只能透過買房子，賺到足夠的錢，讓母親退休才能完成嗎？換到媽媽的角度，她真正在乎的會是什麼？什麼是現在欣揚就做得到，而媽媽也會很開心的，不用等這麼久？

欣揚沉默了一會，嘆了口氣：「想來也慚愧，想給媽媽好日子，生活快樂一點，但我每天回家都累到沒力氣理人，跟媽媽說話的口氣也不好。加上一直生病也讓媽媽很擔心，好像本末倒置了。我一直想給媽媽最好的，卻忘了問媽媽，什麼才是她想要的？」

我點點頭，肯定欣揚的孝心，這份善意是需要被看見且接納的。重要的不是拿掉「過度工作」，因為這對他來說，不僅是成就感和自我概念的來源，更關鍵的是，這會讓他覺得和母親有連結，是一種回報母親辛勞的念頭和方式。

需要調整的是做法，而不是那份想回饋的心。

找出這個念頭背後真正想要想達成的目的——讓媽媽快樂，改變就一蹴可幾了。我不需要阻止欣揚「過度工作」，或說服他這件事情會帶給他多大的傷害，我只需要重新改寫他對孝順的定義，許多行動會跟著改變。

四、學習用新的角度重新改寫

在釐清真正的需求後，欣揚表示眼下他可以做得到的是，每天回家後跟媽媽說話時，保持平靜的口氣，把自己照顧好，不讓她擔心。把孝順從原本比較嚴格的定義「買到房子」，擴大成「讓媽媽放心」。

一段時間後，欣揚整個人的氣色好多了，忙碌依舊，但他和家人的互動卻多了許多笑聲，也不再把所有的空檔時間都用工作填滿。因為他已經了解「買房子」和「讓媽媽安心」這兩件事情是可以並存的，這想法讓他感覺放鬆，他已經走在孝順母親的路上了，慢慢走，總有一天會抵達的，更希望那一天到來時，他和母親都是健康快樂的。當內在的需要被自己讀懂後，他就可以換個方法滿足，不需要那麼用力過日子和賺錢了。

找到快樂的入口

在多年的實務工作中，我發現帶給個案痛苦的習慣背後，往往都藏著珍貴的資源。在清理念頭時，關鍵不在於拿掉令他們困擾的狀況，而是陪著他們更深入理解這個痛苦存在的價值，我們可以從中學到什麼？

痛苦和幸福不一定是遙遠的兩端，有時候，只差一個轉身，就能找到快樂的入口。

清理不只是拿掉不想要的東西，更是懂得放入會讓自己開心的做法。希望這四個步驟能幫助你，捨棄那些讓人覺得沉重的限制與信念。

一、釐清讓自己感到壓力的想法

二、思考維持這個信念有什麼好處？

三、找出真心想滿足的需求是什麼？

四、學習用新的角度重新改寫

第16章

停止磨人的互動

或許有人會覺得清理念頭很簡單，因為控制權在自己手上，隨時想調整都可以進行。可是當狀況牽涉到另一個人，特別是有階級上的落差，或自己非常在乎的人，過程就會變得複雜許多。那些來自外界的期待與要求，常常讓人倍感壓力，不知該如何回應。

例如：逢年過節一定要帶小孩回公婆家、主管經常在臨下班前要求加班或開會、夫妻間對於財務的處置與安排……。你可能基於尊重、關心、體諒，接受了他們的做法，可久而久之變成一種規定，不執行就會被奚落，似乎錯全在你，只要你聽話就沒事。你開始感到壓力，想重新設定規則，可是對方卻覺得你變了，指責、抱怨、暴怒，想方設法要把你拉回來，好維持現狀。

這些不舒服的互動，就像是掉進鞋子裡的小石頭，讓你每一步都走得很辛苦。但如果僅因為一顆石頭就把鞋子丟掉，似乎又太極端了，你很為難不知該如何是好？

其實，你不用因噎廢食，但需要花一點力氣才不會被情緒綁架，進一步把整個脈絡釐清，找到石頭的所在之處，將之移除。要調整互動模式需歷經七個步驟，前三個步驟和前一章相似：

一、釐清讓自己感到壓力的互動模式

二、思考維持這個模式有什麼好處？

三、找出彼此真心想要滿足的需要

接下來的後四個步驟，因為牽涉到另一方，在做法上得更細緻。

四、用新角度重新設定，取得新平衡

清理互動模式不只是移除自己不想要的對待，更多時候努力的焦點是「讓對方感受到你為了這個改變，願意付出哪些代價。」當對方覺得我們有為他著想，他才可能為我們讓步。

這麼做還能減輕你的愧疚感，在對方指責你自私時，你有勇氣不對號入座，因為你知道唯有付出自己負擔得起的愛（責任），關係才不會失衡，變成是一種相互折磨的循環。

五、溝通並擬定時間進程

不過，改變不可能一蹴可幾，不論是調整互動模式或設立界限，都不可能發生在真空中，需要當事人具備一定的溝通和談判能力，才可能圓滿達成。

打個比方，假使你想要活得更自在，這個目標就像是要出發去北極，擁有「清理心理空間」或「心理界限」的觀念，就像握在手中的指南針，可以為你標定出清楚的方向，不至於迷路。但實際上路後，你還是需要透過不同的交通工具，像是輪船、飛機、直升機、汽車等才能前進，這時候就需要搭配溝通和協商能力，才能順利抵達。

溝通時，越希望一步到位，所遇到的抗拒就會越大。緩步推進，讓彼此有更多時間適應，反而更容易成功。記得，慢慢來，比較快。

六、設想可能的反應與影響，做好心理準備

在清理舊互動模式時，被告知的一方會生氣、防衛是正常的。就像男女朋友分手，即使雙方都察覺這段感情走不下去，但被分手的那一方相對於主動提議的人，會經歷比較多的衝擊與震撼，需要更多時間消化與接受。

你的責任不在於設計出一套完美的做法，讓對方心甘情願接受。他們有權利用自己習慣的方式宣泄情緒，**你唯一要做的就是釐清自己的界限並表達清楚，讓對方明白你的決定**。你的態度越堅決，越不模稜兩可，對方就越快能適應。

七、組織自己的應援團

人是群體的動物，當關係有所波動時，很容易就會懷疑自己存在的價值，這時候需要有人當啦啦隊，鼓舞自己繼續向進。在你意志混亂時，提醒你當初為何要出發；在你被攻擊得體無完膚時，給予你力量，相信自己的價值；在你覺得筋疲力竭時，張開雙臂，提供你歇息的地方，陪你度過最煎熬的過渡期。同時，他們也可以扮演一面鏡子，提醒你了解自己在這一段關係中的模樣與姿態。

實際透過一則案例，讓你了解這些步驟放回生活中，該如何執行？

當孝順成為壓力

秀瑾畢業後回到父母居住的縣市工作，由於家住郊區，通勤路程太長，因此她想搬到公司附近。一開始爸媽很反對，覺得一個女孩子家住外面不安全。為了讓爸媽同意，秀瑾保證會經常回家。

可是問題很快就來了，每到週末媽媽就會奪命連環 call，問秀瑾何時到家，要不要一起午餐？今天想吃什麼菜？讓秀瑾不勝其擾。而且她一定得待滿整個假日，到週日晚間才能離開。如果她想提早離開，就得找理由，否則爸媽就會用指責的口吻埋怨她。也因此秀瑾每到星期五壓力都特別大。

一、釐清讓自己感到壓力的互動模式

秀瑾回顧每週回家的流程，她發現和爸媽的互動，在回家吃的第一頓飯時，氣氛是最融洽的。母親會開心的分享生活瑣事，偶爾幫父親排解電子產品的問

題，並說說自己的工作狀況，感覺到彼此的關心與在乎。

但幾個小時過後，母親會開始嘮叨，重複一些無關緊要的小事，或過度關切她的感情狀況。為了避免被轟炸，秀瑾吃完飯，就會躲回房間。沒有必要，她不會走出房門。直到翌日用完晚餐，才能提著媽媽為她準備的水果離開。

如果她覺得無聊，想提早回家或約朋友出遊，媽媽就會帶著恐嚇的口吻：「你爸如果睡醒沒看見妳，一定會很不高興，拿我出氣，最後倒霉的人又是我。」或是「對啦！反正朋友比家人重要，你把時間都給外人就好，一星期回來不到一天，也趕著走。你把這個家當什麼？」讓她心生愧疚，無法轉頭就走。

透過一步步的分析，原本對這件事只有壓力和痛苦的秀瑾，發現自己其實是喜歡回家的，只是她無法接受回家後，就只能被關在房間中，沒辦法有決定權。她希望能慢慢拿回時間和行動的自主權。

換言之，秀瑾想改變的不是不回家，而是怎麼讓回家這件事，變成是一種自然愉快的互動，而不是非得要遵守某一種規則不可。

她抗拒的不是爸媽的愛，而是爸媽對於陪伴的定義與想像。

二、思考維持這個模式有什麼好處？

對秀瑾爸媽來說，每個週末可以看見女兒，即使沒有交談，只是同在一個屋簷下，就會讓他們覺得安心，確定女兒平安。而且可以繼續為女兒付出，讓自己感覺到存在的價值。

對秀瑾來說，平日太忙沒空關心爸媽，週末陪他們吃飯，關心一下健康狀況，也算是一種回饋。同時回家後，有媽媽在，不用煩惱家務、可以放空、吃美食，也是一件很幸福的事，讓她覺得被疼愛。

他們的需要不只互補，並希望對方因為自己的存在而變得更好，而非僅滿足個人的需要，變成一種單向的剝奪。這是一件值得慶賀的事，代表這段關係帶給當事人的養分大過於傷害，只要能解決眼前的小阻礙，關係仍可以帶給彼此許多滋養與快樂。

三、找出彼此真心想要滿足的需要

秀瑾試著放下自己的不滿，換位到爸媽的角度，重新理解為了維持這個模式，他們需要付出的代價？

秀瑾這才意識，每個週末為了迎接她回家，爸媽經常婉拒朋友假日的邀約，且不參加長程旅行。而母親花在採買和料理的時間，也比平常日大，對體力是一大負擔，許多吃不完的菜，下一週會繼續出現在飯桌上，影響口感和健康，這些都是爸媽付出愛的方法，儘管有些笨拙，卻充滿了在乎。

看懂了這一點之後，秀瑾明白家人間是否感覺到彼此的重視、關心？以及確認對方是否安全、健康，有好好生活、吃飯？是雙方都覺得很重要的事情。當這兩件事情確認了，時間長短，似乎就不是必然的條件。也就是說，如何保有相處品質，卻不用為了陪伴彼此而產生更多牽絆，是她可以努力的方向。

四、用新角度重新設定，取得新平衡

一如秀瑾已經覺察的，回家後的第一頓飯通常是最愉快的，超過這個區間，談話就會變得有些意興闌珊，經常是為了避免冷場，說了許多沒意義的八卦。因此，她最終的目標是希望爸媽能接受，每週她會固定回家吃一次飯，但不過夜，讓彼此都有更大的空間，可以安排自己的時間，不必為了相聚而犧牲其他活動。

同時，她也設立了一個家人間的通訊群組，平日週間有空，她就會向爸媽問好，說明一下自己的近況，讓爸媽放心。爸媽若有急事，也可以傳訊給她，讓她可以從旁協助、照應。

五、溝通並擬定時間進程

秀瑾明白這個變動並不小，需要經過許多溝通和協調，才可能如願以償。

因此，她利用剛見面，爸媽心情仍好的時候，和他們分析原有模式所帶來的壓力，讓他們有機會從不同的角度理解舊習慣。接著，她開始提前離開的時間，從星期天的晚餐後，變成吃完午餐，爸爸午睡時離開，再到週日睡醒就出門。一步步拉長她週末不在家的時間，讓爸媽漸漸學會安排自己的節目，不再刻意把時間留給她。

最後，她和爸媽達成了新的默契，每一星期回去吃飯一次，吃完就可以離開。假使爸媽要出遠門或是她有特別的活動，只要提前告知，都能夠得到彼此的諒解，不用再覺得為難。這項改變前後耗時了快一年的時間，才終於達成。

秀瑾清楚羅馬不是一天造成的，要讓爸媽接受新觀念，需要時間這帖麻醉劑，太劇烈的變化，很容易引起他們的反彈，把「不習慣」當「不喜歡」，而無法體會新做法為彼此帶來的好處。

六、設想可能的反應與影響，做好心理準備

當然，過程不可能只有美好的部分。

秀瑾表示一開始不管她打多少預防針，當她收拾好行李準備離開時，爸媽就

會說一些傷人的話：「對啦！朋友比家人重要」、「妳就只把家當旅館」等等，想把她留下來。

可是她很清楚這是分離必經的陣痛，假使她一時心軟，爸媽就會以為說這些話是有效果的，那麼他們將來只會更變本加厲，而無法了解這些話，聽在她心裡有多痛。因此，不論前一秒她和父母吵得有多激烈，時間到，不論爸媽同不同意，她都邁開腳步踏出家門。

她回憶道：「好多次，我都是流著眼淚，一路發抖著回家，等到沒人時，才放聲大哭。」

她不斷的提醒自己，有捨才有得，如果她想維持爸媽在自己心中的重要性，不要一碰面就爭執、抱怨，她得挺過這段過渡期，學會適度的割捨，拉出空間，才有位置擺放父母的愛。

七、組織自己的應援團

每當秀瑾覺得挫折、有委屈，她就會打電話給閨蜜，要好友陪她聊聊天、發發牢騷，那些無法直接對爸媽說的話，在閨蜜身上都能得到充分的理解。同時，閨蜜也會提醒她再多給父母一點耐心，接受子女已經長大的事實，讓她不至於太衝動，做出讓自己後悔的事。

不過，並非每一次調整互動模式都需要這麼大工程，有時能及早察覺並勇於提出，就能挽回一段難得的友誼。

當友誼因立場而不同

婕妤和書涵是多年的朋友，最近決定一起創業，擺脫朝九晚五的生活，有更大的嘗試空間。一開始合作都還算順利，但最近書涵發現自己越來越害怕跟婕妤開會，理由是每當書涵提出新的構想或企劃，婕妤第一時間的回應幾乎都是批評：「妳怎麼會沒考慮到成本呢？」、「那個客戶喜歡簡單，你設計的這麼複雜，是要把客人趕跑嗎？」而這些話讓她開始對自己產生懷疑。

這讓書涵有點擔心，不知道這個合作可以持續多久，會不會最後錢沒賺到，還賠上多年的友誼。

一、釐清讓自己感到壓力的互動模式

書涵發現婕妤絕大多數的時間，都很好相處，做事也很謹慎、認真，但只要牽涉到新的提案或嘗試，婕妤就會變得格外挑剔，不管她事前花了多少時間準備，看在婕妤眼中似乎都不夠好，總有地方還需要改進。一而再，再而三地反覆打擊，讓書涵開始對自己失去信心，甚至懷疑自己的存在會不會拖累婕妤。

二、思考維持這個模式有什麼好處？

書涵明白創業不比上班，所有的成敗都需要自己負責，她覺得婕妤的回饋是很好的提醒，幫助她意識到自己可能的盲點，避免一錯再錯。而且有人一起討論，也能加快她成長的速度，她確實感覺到自己的能力漸漸在提升。

三、找出彼此真心想要滿足的需要

雙方都是希望公司好，這一點是無庸置疑的。書涵也認同婕妤精益求精的態度，只是她希望除了改進的地方，婕妤也能多肯定一下自己的努力，並告訴她哪些部分已經有進步，這會讓她對自己更有信心，不會因為太多的挫折而被壓垮。

四、用新角度重新設定，取得新平衡

書涵期待婕妤能調整第一時間回應的方式，能先肯定書涵的用心，或設計良好的地方，然後再提出建議或評論，而非只有打擊，沒有任何一絲鼓勵。

五、溝通並擬定時間進程

書涵計畫找一個下午茶時間，和婕妤約在咖啡廳，好好表達自己的感受。她不要求婕妤馬上改掉愛挑剔的習慣，但每一次提案至少要能講出一個值得肯定的地方。幾個月後，再慢慢練習從批評的態度，轉為討論的語氣，一起想辦法讓案子更好，而非只是一直攻擊對方不夠好的地方，讓書涵覺得自己好像變成婕妤的下屬，而不是共同作戰的夥伴。

六、設想可能的反應與影響，做好心理準備

書涵有些擔心這麼回饋會讓婕妤覺得太針對，好像在說她不夠包容，同時也擔心婕妤會以為自己沒能力，又愛怪罪他人。但書涵覺得如果關係要長久走下去，有必要告訴婕妤這個習慣，會傷害到她們的信任與默契，變成一種隱形的角力，彼此相互傷害。

她想過最差的情況，就是失去這個朋友和合作機會，但如果這個互動不改

變，即使忍得過一時，也不可能忍一輩子，遲早都要面對，不如早一點處理，避免傷口惡化到難以收拾。

七、組織自己的應援團

由於和婕妤的合作關係仍在初期，書涵不想讓太多共同的朋友知悉兩人的摩擦，增加更多不必要的誤會。她選擇把想說的話寫在紙上，藉此整理自己的思緒。假使溝通不順利，她還能把想法打成信件寄給婕妤，讓婕妤有機會完整了解她的在乎，盡力縮小彼此的隔閡。

所幸，會談進行得很順利，婕妤很訝異自己不自覺的習慣，造成書涵如此大的壓力，她承諾會更有意識的調整自己的回應模式，並約定好如果再度發作，書涵可以怎麼提醒她，一起幫助她成為更理想的作戰夥伴。

關係就是一條蜿蜒且曲折的小徑，有時平坦、有時顛簸，起起伏伏的過程難免會有小石頭跑進來，讓人覺得難受、刺痛。這時候，堅持穿著鞋子是沒有辦法把石頭拿出來的，越努力只會越挫折。

你需要做的是把鞋子脫下來，往地上敲一敲，石頭自然會滾到鞋跟處，這麼一來你就能輕鬆地拿走它，不用大費周章的換鞋。

本章提到的七個步驟：

一、釐清讓自己感到壓力的互動模式
二、思考維持這個模式有什麼好處？
三、找出彼此真心想要滿足的需要
四、用新角度重新設定，取得新平衡
五、溝通並擬定時間進程
六、設想可能的反應與影響，做好心理準備
七、組織自己的應援團

就像是把關係暫時脫下來，拉開一點距離，重新推敲、檢視彼此的狀態，看清楚阻礙彼此的究竟是什麼想法或習慣，確認目標後，要清理就容易多了。用心辨識出舊習慣背後隱藏的善意，用新的模式重新打造，找到彼此都能接受的做法，路就能繼續攜手往下走，走得更遠、感受更多。

第17章

道別，迎向另一個起點

曾經有一個朋友，他一直放不下一段讓他十分挫折的親子關係，他用盡各種方法，都無法好好與父親相處，只要父子一碰面就是烏煙瘴氣。有一次，父親生病，他必須貼身看顧，互動一樣非常緊繃，只不過這一次他讓自己退到觀察者的位子，看著父親是怎麼跟醫護人員溝通，果不其然，父親惹毛每一位想幫助他的護理師。

負面情緒是二手菸，離開吸煙室才能找回健康

那一刻朋友突然懂了，他說：「如果負面能量是二手菸，原來我一直被關在吸菸室裡，可偏偏我不抽煙。」

從那之後，他終於明白自己是不可能從父親（一個已經匱乏、枯槁的人）身上，擠出任何一滴愛。懂了這一點之後，他心裡就不苦了。也明白，想要重拾健康，他必須先離開吸煙室，唯有自己身體強壯了，才有可能給身旁的人更多的滋養與關懷，讓關係變得飽滿、奕奕。不再把離開和遺棄劃上等號。

然而，當他在抽離情緒，站在旁觀者的角度來看父親後，他意識到父親雖然嚴謹、挑剔，卻也並非一無是處。在某些狀況下，父親一針見血的評論甚至能帶給身旁人許多啟發。只是他想被滿足的部分，是父親給不出來的，所以他告訴自己何苦要留在錯的地方，堅持找到對的答案，為難彼此。從此，當父親又在批評他的選擇時，他不再拼命地捍衛自己，想要解釋到讓父親理解，甚至認同，只是靜靜地聽完或是離開，讓對話自然而然結束。

就像有些東西，對你來說是廢物，可是對另一個人卻是寶物。再好的人都有人會討厭，再討厭的人也還是有人愛。割捨，是一種流動，讓人與物都有更好的依歸、錯位的還有機會重新修正。

割捨關係所帶來的傷，需要時間復原

任何關係的切割，都和情人告別一樣，都會有徬徨、猶豫、害怕、失落、難過、憤怒、惦記等反應。

記得人生第一次準備提離職時，我反覆思量許久，很害怕做錯決定，放棄一份好的機會，同時對於一直很看重、善待我的長官，也是滿滿的歉意，覺得自己似乎不該辜負他的栽培，擔心自己是不是太自私。

等寄出離職信後，心裡就開始預演，被約談時該怎麼回答？如果對方挽留，自己會不會心軟？好不容易離職申請正式生效，開心沒多久，就開始懷念舊工作的好處，也會懷疑下一份工作能不能同樣順利。

換工作是如此，決定疏遠朋友更是糾結。不論是主動拉開距離的那一方，或是被動感知疏遠的一方，在意識到關係回不到從前後，感傷和遺憾同樣佔據所有的心思，只要聽到對方的消息，就會像觸電般不知該如何反應，會下意識迴避所有和對方有關的事物。需要一段時間慢慢的適應，才能重新談論這個人與這一段關係。

因此在割捨關係時，不管對方是誰，伴侶、手足、同事、朋友、長官、親人、好友……，你若覺得分離帶給自己很大的衝擊，請允許自己有時間失落或沉溺，別刻意假裝堅強。承認心裡有傷，才可能停下腳步，為自己包紮，而不是帶著傷口進到下一段關係，期待對方有能力修復你過去的傷，消除你復原時的痛。

畫下句點，是為了重新開始

當有一天，你意識到自己和對方有無法調和的分歧，適時的分離，給彼此一個冷靜的空間，是你能送彼此最後的禮物，讓過去的美好還有被珍藏的機會。在這個過程你會歷經七個階段：

一、確立自己的底線

當關係越緊密，要割捨就不是件容易的事情，總會希望藉由某個意外或貴人出現，讓彼此的關係有所轉圜。也因此很容易一拖再拖，混雜許多情感和需求後，就越來越難清理。

因此，當你意識到不管怎麼調整信念、改變互動模式，對方仍舊無法跟上你的腳步，或是他想去的方向和你不同，請你明確的為自己設下一個期限或目標，停止再繼續對這段關係有所期盼。

以第六章被男友的愛桎梏住的郁婷為例，她曾在心中默默期待有另一個女人出現，轉移男友的注意力，這樣她就不用承擔分手的壓力。但這樣的期待她實在無法掌控，而且這麼做也只是把問題丟給下一個女人，這種「抓交替」的遊戲，讓她覺得自己只是僥倖逃離，而不是真的學會割捨。

所以，某次在她發現男友不只一次私自使用她的手機，檢查她和朋友的通訊內容，甚至封鎖和刪除他看不順眼的對象後，郁婷嚴肅的告訴男友：「我知道你關心我，我也喜歡有人在乎，但你這麼做真的太過分了，我有交朋友的權利，同時我也會拿捏好分寸，不會做讓你擔心的事情。

如果你仍然無法對我有安全感，我們就得考慮分開一陣子。我希望這三個月，當你找不到我時，就靜靜等我忙完，我一定會回電給你，不可以拼命轟炸我，如果你真的做不到，我就會搬出去。」

透過清楚的設立界限「不能擅自查看手機，侵犯隱私權」，以及「擁有社交和自由安排行程的權利」，郁婷明白自己想要的不只有連結，還有伴侶的尊重。她不願意為了稀薄的愛，放棄自己的尊嚴。

二、拉開物理距離，縮短互動時間

我曾比喻：「老關係最大的毛病，就是有老花眼，太靠近反而看不到，必須拉出一點距離，保持一定的空間，才能看見對方的全貌。清楚的意識對方身上的傷與無能為力，才能放棄索討。」

不做出改變，持續待在原地，很容易用慣性回應對方，看不到新的角度與可能。當郁婷設下底線後，她不僅拉開心理距離，也加大了物理距離，進而看清楚自己在關係裡的樣貌。

她發現過去的自己太依賴男友，把所有的注意力都放在男友身上，和外界的連結變得很少。如果兩個人就這麼分手，自己也很容易因為孤單、空虛，而再度重回男友的懷抱。她必須有能力安排自己的時間、學會和自己獨處、重新建立社交圈，用新的方法滿足被關注的需要，不會因為害怕被冷落而輕易找人取暖。

所以雖然郁婷還沒搬離開和男友合住的套房，但她開始透過充實自己，減少和男友互動的時間，給自己更多的空間，思考眼前的這個人是否能真正的帶給她幸福。

太靠近，往往會造成許多情緒摩擦與衝突，慢慢拉開距離，才能模擬沒有彼此的生活會是什麼模樣，並讓理智有喘息、成長的空間。畢竟關係的清理和物品的收納不同，太過激烈的切割，有時會造成難以預料的副作用。

三、準備告別

在這個階段，你需要體認到和對方有關的一切，無論好與壞，都必須暫時放下，接受告別，不只是失去對方，更是和過去某一部分的自己說再見，慢慢改變因對方所建立的各種習慣，才能減緩分離的不適，轉身邁向下一個階段的成長。

除了心理上的調適和預備外，在現實層面上，若關係牽涉到法律或財務議題（如監護權），也需要花一點時間了解相關規定與做法，提早作出安排，預想後續可能的發展，以備不時之需。

郁婷發現自己不管怎麼努力，都無法減緩男友的控制欲後，她覺得自己的包容與等待，似乎成了另一種姑息與共犯，她必須忍心切斷這份感情，才有可能讓男友明白他的行為有多麼傷人。

她知道自己必須做好準備，明白那些曾經有過的約定，不會再實現；付出過的信任必須收回來；許多兩人間共同的記憶也無法再提起；財務上也需要更獨立，不能再仰賴男友的金援，才能順利度過分離的痛。

但也請記得，**做最好的準備，但不用準備到最好，別讓拖延絆住你前進的腳步**。只要你了解割捨必然會帶來失落，原本兩人承擔的壓力會落到自己身上，需要一段時間重新訓練自己的耐受力，不苛求自己一步到位，那麼就算是做好足夠的心理準備了。

四、好好道別

終於還是走到了這一步，你發現彼此真的不合適，繼續互動只會製造更多的紛爭與傷害。但真要開口，說出最後的決定，你還是有些遲疑、害怕自己做錯決定，更不想被別人以為是不負責任、自私的人。

所以你花了一點時間確認自己的心意，明白雙方價值觀的差異是無法跨越的鴻溝，到最後選擇了割捨，不是不在乎，而是願意成全對方，不再企圖改變彼此，耗費心力在一段無法相互滋養的關係裡。

離開，是為了留下自己，也留給對方更大的尊重。因此，請放心，你並非關係的劊子手，你只是不願意選擇繼續假裝，以為努力可以解決一切的差異。

然而，在說出你的決定：「我想要暫時不再聯絡」、「離開，對我們都是比較好的安排」、「從此請好好照顧自己，我不會再介入你的生活」、「既然關係回不去了，就好好說再見吧！」……時，你不需要交待所有的細節，**你只要堅定**

的表達你將採取的行動。

也許對方會要求你解釋，或央求你回心轉意，只要你開口，他就願意改……。此時，請深呼吸一口氣，好好的表達：「這是我深思熟慮後的決定，我知道你一時間難以接受，但這麼做對我們都是比較好的安排，請你諒解。」無論對方怎麼反應，你都可以先謝謝對方的心意，然後再重複上一句話，直到對談結束為止。

切記，道別的目的是放下，而不是製造更多的拉扯。因此，小心自己所選擇的言語，不要變成說服對方或批鬥大會，來證明自己是對的。**盡可能態度溫和、立場堅定地表達你的選擇，讓對方體認到你的堅決，便是成熟的表現。**

與家人的道別

或許有人會疑惑，家庭關係（如手足、父母）沒辦法真正切斷，這樣道別還有意義嗎？會不會引起更大的反彈？這部分是有折衷做法的。

你可以透過慢慢拉大距離與互動頻率，在行為上漸漸從主動變成被動，並在心中默默和對方告別，但不一定要告訴對方：「我們從此都不要再聯絡」。同時，設定清楚的界限，知道自己只願意為這段關係付出到哪裡？（例如：一起吃年夜飯。）一旦超過那條線，你不會再有任何的情緒反應，如此就算是在心中和對方道別。

經營一段關係需要兩個人，但只要有任何一方收手，互動就無法延續。你不需要得到對方的同意，才能從關係撤出，當心冷了、門關上了，即使人在，依然咫尺天涯。

五、整理回憶與物品

成長是一個不斷放下的過程，放下幻想、放下執念、放下依賴、放下疼痛，然後再繼續長大。

一段關係的結束是句點，也是起點，預告下一階段的來臨。

那些過去曾有過的交集與合作，不需要抹滅，因為那都是你生命很重要的一部分，但可以透過整理，將之暫時封存在生活的某一個角落，直到某天再次提起，已經不再有情緒的波動，就是可以解開封印的時機。

幾個月後，郁婷搬離開男友套房，第一次用自己的名字承租一間雅房，並用心妝點成自己想要的風格。同時，利用搬家的機會，將男友曾贈送或相關物品，收到儲存箱裡，和自己約定一年後，再打開箱子，看看要如何處理這些東西，相信到時候，不管是送人，還是再拿出來使用，都會比較從容些。並將電腦、手機裡的照片，也都打包到隨身碟裡，減少翻閱的機會。

在悲傷輔導中，檢視一個人是否真正接受死亡的事實，最常使用的判斷基準就是當事人是否願意收拾或處理親友留下來的遺物。物理空間，常常是我們心裡的家的具體展現，當一個人情緒紛擾、思緒雜亂，周圍的環境也會跟著凌亂起來。因此，動手清理空間，不僅能安置內在的情感，同時也能透過外在環境的改變，暗示自己新的篇章已經開始。

六、幫助自己度過戒斷反應

根據牛頓的第三運動定律，當你施予力量在一件物品上，同時就會存在另一個相反的作用力。此道理也適用在關係裡，只要付出過，鬆手的那一刻，反作用力所造成的情緒反應是無可避免的，那些懷疑、失落、難過、憤怒……並不是懲罰，而是代表你曾經在乎過，你是一個認真的人。

要讓這些反作用力消失，除了透過時間的摩擦力，削弱分離的力道外，你還可以透過重新設定內在語言，協助自己穿越過程的低潮，並藉由這個新詮釋，不斷地提醒自己當初為何會選擇割捨。

像郁婷她告訴自己：「我不想要再進入一段令人窒息的關係，我得先離更好的自己近一點。」於是她選擇重新回到校園，把延宕的學業補上。

正向思考之所以有用，不是勉強自己一定要快樂、開心，而是透過勾勒出某種你想要實現的未來，在心裡常常覆誦著，就像是種下一個重要種子，持續灌溉，總有一天會收成。

要找出這句對自己有意義的話，可以往以下兩個方向思考：

1. 允許自己能夠脆弱，找出內心想要被滿足的需要是什麼？

2. 你想成為什麼樣的改變？變成什麼模樣會是你喜歡的自己？

記得除了標示出自己不想要的互動或關係，更要進一步說出具體的期待與內容。例如：別說「我不想要再被管東管西」，請直接說出「我要更大的決定權」。

此外，最好也能組織自己的應援團，透過家人或朋友的陪伴，避免自己陷入情緒的漩渦。

七、走出新天地

藉由時空的催化，這段關係將慢慢淡出你的生命。接受彼此不合適當朋友、同事、伴侶，甚至家人，祝福彼此下一段關係旅程會更順遂。假使對方曾經傷害你太深，你實在做不到祝福，不用勉強自己，你可以放下，但不一定要原諒。

其實，當你不再試圖想要改變無法改變的過去，就已經是放下了。放下，不是輕縱對方，而是饒過自己，不再被負面情緒殘留的毒素，繼續傷害自己的生命。

在割捨關係的初期，你可能會需要經常透過自己設定的內在語言，幫助自己穿越分離的失落。但請不要抗拒對方偶爾會出現在你腦海中，然後生自己的氣，禁止自己再度想起。因為你越努力拒絕的東西，它出現在大腦的次數就越多。

真正的遺忘不是告訴自己不要想起，而是允許它用自己的速度退出你的記憶。直到有天，你發現自己竟然忘記了，就代表你走出新天地了。

看完大家較為熟悉的感情案例後，接著再看另一則複雜的家庭案例。

不負責的手足

紹華有一個哥哥，但從小就好大喜功，總想著一夕致富，不願腳踏實地工作，經常回老家向爸媽調頭寸。但等父母年事漸高，需要人看護照料時，哥哥卻不見蹤影，總推說太忙碌，把照顧父母的重責全都推到紹華身上。

一開始紹華對哥哥仍抱持著一份尊敬，在父母有狀況時通知哥哥，希望他前來探望，甚至協助分攤照護的工作。但哥哥的回應，每回都讓他失望，即使出現，也都另有所求，常惹父母傷心。這讓他對哥哥越來越不諒解。

一、確立自己的底線

一直以來紹華雖對哥哥有許多不滿，但為了不讓爸媽擔心，重要節日時，紹華仍願意回老家團聚，並對哥哥保持基本的禮貌。可是哥哥在啃完父親的退休金後，竟把念頭動到自己身上，希望爸媽當說客，要紹華拿錢出來投資哥哥的生意，這便已踩到紹華的底線。

這個舉動，讓紹華意識到如果他不能保護好自己，繼續讓大哥予取予求，這個家只會更殘破不堪，爸媽的晚年會更辛苦。因此，他決定徹底熄滅對哥哥的最後一點情分，斷絕手足關係。

二、拉開物理距離，縮短互動時間

在下了這個決定後，紹華封鎖了哥哥所有的通訊帳號，並錯開回老家過節的時間，不讓哥哥有機會向自己開口借錢。目的是希望透過行動讓哥哥明白，兩人之間已無任何情分可言。

三、準備告別

紹華不僅顧慮到自己，他還請教律師可以透過什麼方法，避免哥哥掏空爸媽的資產，偷偷變賣老家，或讓爸媽在不知情的情況下，變成債務人。並有計畫逐步安排爸媽北上居住，方便自己就近照顧。

四、好好道別

由於紹華很早就意識到哥哥性格裡的問題，因此對他來說，困難的並不是割捨掉與兄長的關係。而是逢年過節，當爸媽遺憾一家人不能好好團聚時，不因為他們的話而產生愧疚感，覺得自己對兄弟太過計較，或懷疑自己是否有必要做得如此決絕。

對紹華而言，與其說他道別的對象是兄長，不如說是對一個美滿、和諧家庭的想像，他知道家人不是自己可以選擇的，所以他唯一能做的就是堅守好自己的界限。

五、整理回憶與物品

其實，小時候紹華曾經很崇拜兄長，跟哥哥感情也很好。但出了社會後，兄弟倆的價值觀漸行漸遠，大小爭執亦不斷。在先前某一次搬家中，紹華將許多青春期跟著哥哥玩的東西，一次打包、回收或送人，藉此告別了自己的青春，並明白從此之後，自己肩頭上的責任只會越來越重。

六、幫助自己度過戒斷反應

對紹華來說，割捨掉這段手足關係，他最困難消化的情緒，不是悲傷，而是憤怒。特別是當自己工作忙，爸媽又生病時，他難免會覺得不公平，為何只有他一個人在承擔這些壓力。

可是他轉了一個念，告訴自己「若非爸媽當年的栽培，我現在也沒能力扛起這麼重的責任，能付出其實是好事，意味著我能力好，而且懂得愛人。」一想通了這一點，就沒有什麼過不去的心結。

七、走出新天地

漸漸的，爸媽不在紹華面前提及任何哥哥的事情，並且感謝紹華為家裡付出的一切。他們逐漸理解是紹華的堅持，才保住這個家不會支離破碎，並讓哥哥學習為自己的行為負責。

紹華不知道將來的關係會怎麼變化，哥哥有沒有機會浪子回頭，但至少他保護好了自己和在乎的人，不被盲目的愛搞得一身傷。如果有那麼一天，破鏡真能重圓，他相信這個家會更緊密、牢靠。

這七大步驟並非是線性前進，有時候我們會在某些關卡徘徊、拉扯，都是正常的。特別是從未和他人有分離經驗的人，會需要多一點時間培養對失落的免疫力，慢慢長出獨立和自主。我們不一定要按照他人的腳步前進，請接受自己處理失落的方式，別強迫自己要多快復原或放下，別忘了當初你希望割捨這段關係，不就是想要好好被尊重，唯有你先做到了，別人才有機會跟上。

此外，若你遇到的對象是具有暴力或強烈情緒傷害的人，你還是可以清理這段關係，但在你下定決心執行前，請務必尋求專業協助，才能將傷害降到最低。

好好道別，是你能送給彼此最後的禮物

有人說，生命就是一個不斷邁向死亡的過程，從出生的那一刻起，死亡的鐘聲已經在倒數。這看似殘酷的事，其實是為了教會我們珍惜當下，因為沒有死亡，活著也不會快樂。

同樣的，不論是哪一種關係，在相識的那一刻起，就已經距離分離更近一步。當你懂得告別的真諦，不害怕失去，你才算是真正擁有。

關係總有起有落，在意識到無路可進的時候，願意停下腳步，不再勉強彼此改變，接受他此刻的模樣，好好道別，是一種成全，也是一份成熟。這世上沒有誰非誰不可，只要你相信自己有建立關係的能力，你就不會害怕離開任何人。

第五部——邁向清爽的新人生

第18章

展開奇蹟般的新生活

當我們決定清除生活中不對的人，你所學的不僅是技巧，更是一種願意好好面對生命的決心與勇氣。許多時候，我們緊緊依附一段關係是因為害怕孤單，卻沒有想過兩個人的寂寞，會比一個人更加寒冷。

害怕，會令人想要控制；恐懼，會讓人想要偽裝。究竟我們維持一段關係，是出於真心的喜歡，還是基於匱乏？這部分得留給你親自回答。但如果你心裡頭，有那麼一絲絲不對勁，知道繼續下去不會更好，可又擔心離開，不知道會遭遇什麼未知的挑戰。相信秀英的故事，可以帶給你一些力量，明白割捨和清理會帶給生活什麼不一樣的可能。

真正的勇敢，不是挑戰那些反對你的人，而是敢質疑自己過去的選擇，為自己重新做一次決定，負起所有的責任，當一個真正的大人。

無法治癒的頭痛

「醫生，為什麼斷層掃描一切正常，我還是經常頭痛，甚至痛到沒辦法睜開眼？」秀英看著螢幕上的資料，不解地詢問醫生。

「你的頭痛恐怕吃藥也不會好。」

「為什麼？那該怎麼辦？」

「我看病這麼多年，遇到太多像你這種自律神經失調的病人，除了學會放手，不然好不起來。」

醫生的話像個預言打在秀英心裡，她不懂為何放手比吃藥有用，她又該放掉哪些事情？

這十年來，秀英深受頭痛之苦，一發作不只吃不下飯、噁心，胸口更像是有顆大石頭壓住，讓她喘不過氣來，晚上也難以入眠。但不管多痛、多累，隔日秀英仍會勉強自己趕快醒來，因為每天總有一堆事情等著她去處理。

看完醫生，秀英得趕回公司做報表，今天是月底必須結清貨款。可屋漏偏逢連夜雨，老闆又臨時要她出席一場會議，她不敢拒絕，只好先擱下手中的工作。等她忙完、買好晚飯回到家，已經十點，手上的食物都可以當宵夜吃了。

一踏進門，秀英發現女兒的房門沒關，猜測女兒還沒睡，想關心剛上國一的女兒能否適應新環境。豈料一推開門，卻發現女兒拿著碘酒在擦傷口，肚臍附近的皮膚已經潰爛。秀英非常生氣質問女兒，為何擅自跑去穿洞？不知女兒是為了掩飾做錯事的心虛，還是真有滿腹委屈，秀英說沒兩句，女兒便開始頂嘴，一股腦兒地說出對母親的不滿，最後丟下一句：「你每天都這麼晚回家，你能為我做什麼？」她用挑釁的眼神看著秀英，並伸出舌頭，原來女兒不止在肚臍上穿洞，舌頭裡也有兩個金屬環。

秀英忍下想打女兒的衝動，用力地關上女兒的門，回到自己的房間。那晚她失眠了，躺在床上回想自己是怎麼走到今天這步田地。

她和先生是長輩介紹的，偶爾利用週末約會，還算聊得來，交往了一年，家人便以年紀為由，催促兩人趕快結婚。雖然秀英覺得兩人認識還不夠深，也對婆媳相處有很大的顧慮。但先生一直保證婚後，可以單獨住在爸媽家樓上，生活空間是分開來的，也不用天天一起吃飯，只要偶爾下去請安就好，應該不成問題。

但踏進夫家，她才發現這一切不過是幻想。婆婆規定非常多，經常沒知會就跑進家裡，美其名是幫忙秀英做家事，其實是想確定秀英有沒有按照自己的方法做事。每逢重大節日，更是夢魘，必須待在廚房做事，完全沒有坐下來的機會。

懷了孕，情況也沒有改善。老公從小被服侍長大，根本不懂得照顧人。婆婆起先很熱心，但一得知是女兒，也就不太搭理，只說：「這胎生完，趁年輕趕快再生一個。」秀英很清楚婆婆想要什麼，但她害喜得非常嚴重，加上剛升職，一直到生產前一週還在加班，這一切都讓她非常害怕，不敢再生。等女兒出生後，她和老公自然而然分床睡了，只維持名義上的夫妻，卻從沒想過離婚。

秀英突然想起早上醫生說的話。她問自己這麼多年究竟在堅持什麼？她意識到自己總是想把每一個角色都做好，無論是媽媽、太太、員工、主管、媳婦……，好像如果沒把事情做好，就等於自己是無能的。

對她來說，放手意味著失敗。所以她一直撐著，假裝自己一切安好。但女兒的話，像是一把刀刺得她好痛，她心想或許醫生說的是對的，她必須學會放下，這一切才有改善的可能。秀英開始思考如果要放手，會先從哪一個角色開始？

她腦海立即浮現「媳婦」二字，可是她很快又搖頭，因為她覺得只有離婚，才能擺脫這個角色，但這跟她想給女兒一個完整的家有牴觸。後來，她又再問自己：「如果不直接放棄，還能做什麼？」她想放手一試，測驗自己若不再事事畢恭畢敬，世界會不會真的崩塌？

所以她決定天亮後，不跟先生出席家族聚會，要帶女兒去醫院。果然一早就因為這件事和先生起了爭執，但既然決定了，秀英還是堅定的說完後，便離開了。開車的路上，她以為自己會有罪惡感，可是她發現自己的心情很放鬆，不用坐在餐廳裡陪笑，講一些親戚間奇怪的八卦，在這些多出來的時間裡，她有機會和女兒心平氣和的談話，真正瞭解她的心思與世界。她發現，這個決定真是太棒了。

神奇的是，那天她的頭就真的不痛了。原來身體會告訴她，做什麼事情才會快樂。晚上回到家，婆婆也只是碎念了她兩句，並沒有做出更嚴厲的反應。她才發現有些時候是她把結果想得太可怕，對方不一定有她以為的強大或兇狠。是自己的沉默，總是勉強、委屈自己，才會讓別人一直軟土深掘。

隔週上班，老闆又一如往常臨時交辦一堆任務給秀英，而她第一時間仍是按照舊習慣立刻答應下來，可是她到了傍晚又開始頭痛。有了上次的經驗後，這次她再度停下來問自己：「我為什麼不敢拒絕呢？」

一開始，她認定自己是因為「錢」而不敢拒絕。她想替女兒存教育基金，同時也想在工作上挑戰自己，可她心中隱隱覺得這些理由都不夠強烈。直到某天，老闆在開會，突然發飆要開除某位同事時，秀英忽然明白，她努力討好老闆，是因為「害怕失去工作」，因為這麼一來，她就必須回家當家庭主婦，每天只能待在家裡當太太和媳婦，任人指使。

秀英突然發覺，自己出來工作表面上是為了賺錢、擁有成就感，但更底層的因素其實是「逃避」，她不想面對婚姻裡的問題。她把婚姻壓力帶進工作，想用工作轉移自己的注意力，卻留給別人剝削她的入口。

看清了這點，她開始調整工作模式，婉拒職責以外的任務，以及臨時的命令，並試著一步步讓老闆知道如何跟她互動，才能讓工作效率發揮得更好。雖然過程中，兩人關係一度緊繃，讓秀英很掙扎，是否該回復舊有的默契。但當老闆發現新的模式，成效反而更好後，也漸漸改變自己的習慣，懂得事前告知。終於，秀英不用再為突發狀況疲於奔命。

她開始可以提早回家，甚至準時下班。也因為時間變多了，她才察覺到先生下班從婆婆家吃完晚餐上樓後，只會坐在沙發上看政論節目，跟著名嘴一直批評，偶爾看女兒不順眼，順道一起炮轟。秀英終於明白，女兒之所以會在身上打洞，是因為她的心早已破了一個大洞，她必須用身體的痛轉移心裡的傷。

女兒那句：「你能為我做什麼？」是一種求救，也是一份控訴。她原本以為保有婚姻可以讓女兒在健全環境中好好長大，但是她因為不願意面對婆婆，轉而投入工作，選擇晚歸的同時，其實她早已遺棄了女兒，把女兒留在荒蕪沒有愛的沙漠裡。

秀英很掙扎、想離開，她找女兒討論，很怕自己的決定太自私。但女兒聽完她的擔心後，卻淡淡的說：

「那些說你自私的人，其實更想從你身上得到好處。」

這句話像一記警鐘，打醒了秀英，她不得不承認女兒長大了，甚至比她看得更透徹。秀英鼓起勇氣找先生討論，詢問老公搬家的可能，想重新建立一個完整的家。老公得知後覺得沒必要，便拖著不處理。無論秀英怎麼努力、調整，和老公溝通，他都無動於衷，最後秀英給了一個期限，如果先生還是不面對，她就帶女兒離開。

兩年後，秀英和先生正式離婚。從那之後，她再也沒有頭痛過，和女兒的感情也越來越好。那位醫生的話，至今仍貼在秀英梳妝台的鏡子上，學會放手和割捨，是她人生最重要的一帖藥。

清理所帶來骨牌效應

這一切的轉變，來自於秀英意識到，自己多年來懷抱著「放手意味著失敗」、「必須盡力扮演好每一種角色」的這些信念，是讓她過得如此不快樂的原因。如果她想要重拾歡樂，她必須打破、改寫這個想法，進而開始一連串的行動與重生。當她開始不再用舊觀念勒索自己後，身旁的朋友都回饋她變得愛笑許多。

原本和女兒緊張的關係，也因為付出真心的關懷，母女變得親暱起來。當秀英不再需要用工作把自己和婆家隔開後，她終於可以好好地靠近女兒，不帶評價的走進女兒的世界，理解女兒的叛逆究竟想告訴她什麼，彼此的信賴才一點一滴建立。在此之前女兒只感覺奶奶的強勢和爸爸的冷漠，讓媽媽有許多委屈，可是她卻無能為力，只好轉而尋求同儕的認同與支持。

回到職場上，秀英也因為終於搞懂自己對工作，那種又愛又恨的情緒是怎麼回事，她才開始長出真正的自信，不會因為害怕失去，而承擔過多責任。漸漸地，她發現自己的決策力跟著變好許多，不再優柔寡斷，怕自己做錯決定。面對不適任的員工，以前的她，總是會一再的容忍，可現在她明白，在不對的地方努力，其實只是耽誤雙方更多的時間，早一點說清楚，讓對方另尋出路，才是對彼此有利的安排。

本來的她，只懂得用退讓、順從、犧牲來贏得他人的肯定，但自從懂得清理不必要的期待與在意後，她找到自己的定位。也許她不是反應最快、想法最多的那一個，可是她的穩定與周全，卻深受老闆的信賴。這樣的生存之道，讓她可以發揮本來的優勢，不用強迫自己變成另一個模樣。如此，工作才替她帶來真正的成就和滿足感。

也因為界限清楚了，下了班，秀英有更多時間可以去學習自己有興趣的事，建立起規律的運動習慣，並且好好吃飯，不需要再狼吞虎嚥或忍受飢餓，身體也更加健康。

秀英發現從前的自己常常活在，「過去的眷戀」和對「未來的不安」之中。前者，讓他常常說服自己：「老闆用我這麼多年，幫一下忙，也是應該的」、「都在一起這麼久，也沒有什麼好計較了」……，好讓自己看不見那些委曲。後者，則太強調實質的獲得，常常盤算著「下一家公司，待遇會比較好嗎？」、「搬離開婆家之後，花費會更多，這樣有比較划算嗎？」而非什麼才是自己真正的喜歡。

看清楚自己的恐懼和盲點後，現在的她即便仍會受人情和財務壓力影響，但靠著一次次的清理，努力讓自己回到當下，問自己真正需要的核心為何，不再被多餘的關係給綁架。

雖然離婚，還是帶給她很大的遺憾與傷痛，但回頭檢視這趟旅程，秀英發現自己無論是親子關係、職場、身體、心理都變得更健康，也越來越朝向她想要的生活前進。她明白分離，就像畢業，即使感傷、流淚，仍值得祝福。句點，是另一個階段的開始。

第19章

「取」與「捨」的平衡

以往的人們因為物資缺乏，總是捨不得丟棄物品；而現代的人類因為追求新鮮，不停拋棄更換購買。這兩種做法雖然都有些極端，但還不是最糟糕的情況，最可悲的是留了應該丟棄的，捨了需要保存的。

究竟該如何判斷什麼該丟？什麼該留？關鍵不在物品，而是我們對自己的認識和對生活的了解。這些年來，有越來越多的書在討論這個議題，為我們示範另一種看待物品的態度。

可相較於人際關係，我們似乎還停留在儲存的階段。走進書店幾乎九成以上的書籍，是教我們如何經營、修復、維繫關係，很少有書會大張旗鼓的鼓勵人們切斷關係。因為這違反人的天性，大多數的人還是喜歡被接納、有歸屬。割捨，意味著孤單與疏離，所以我們被教導、灌輸當關係出現裂痕，一定要努力挽回，才是一個有良知、積極的人。就像上一個世代對勤儉的推崇。

然而，當智慧型手機宣告全新的社交時代來臨時，我們過往對關係的理解是否還適用？是一個值得思考的問題。也是我之所以撰寫這本書的起心動念，大膽挑戰人們對關係的直覺反應，**會不會離開，才能讓我們留下自己？敢割捨，對的人才會出現？**

我決定，生活裡只留下「對的人」

不過，也許有人會困惑：「那我要怎麼知道這個人是『對』的呢？如果做錯決定怎麼辦？」

這個問題需要你反過來思考，你可能不確定誰才是對的人，但你一定有感覺誰會讓你不愉快。然後，好好地問自己，面對心中這份不舒服，你為自己做了什麼？當你思考著該不該離開一份不合理的工作、不合適的感情時，沒人能跟你保證下一份工作、下一個情人一定比較好，可是如果不離開，你也沒有機會看到新的可能。

要讓花園擁有茂盛的花草，你必須先騰出空間，種子才進得來；如果不先把錯的人請出去，對的人怎麼來得了？很多時候，當我們有勇氣面對心中的恐懼，為自己出征，做自己生命的英雄，你會發現那些好的發展、快樂的生活，將不再是童話，而是真的可以實現的情節。

或許你可能還會有另一個擔心是「別人會不會因為你的決定而受傷？」你不忍心看到別人因為你的堅決，而痛苦為難。但若你照著書中的做法，一步步釐清自己的想法和需要，找出目前對彼此都好的安排後，請收起擔心和愧疚，你一定要比對方更堅定，相信穿越眼前的風暴與波折後，就會看見美麗的彩虹。

有一句話是這麼說的：「不是成功後才去相信，而是先相信才有可能成功」，對方會有懷疑是正常的，如果你不能比對方更加期待改變後的結果，對方又怎麼有信心願意跟隨你的腳步作出適當的調整？

要割捨還是修復，取決你想得到什麼？

我常常遇到一些人，嚷嚷著要辭職或離婚，但好多年過去了，他依然待在原地不動。可也有另一群人，你很少聽他抱怨，但突然有一天，你發現他換工作了，或是結束一段為期不短的感情。而在聊天的過程中，我發現他們很習慣為自己「做決定」，當遇到困境時，他們不太花力氣徵詢別人的同意或保證，而是想清楚自己要的是什麼，然後行動。

於是我漸漸發現，一個人成熟與否的指標，就在於他有多麼的習慣為自己做決定。

當遇到不合理或不舒服的事情，他是待在原地埋怨，等著別人解決問題？還是主動做出反應，在有限的選擇內，創造最能滿足自己需要的結果？不同的心理狀態，就會產生出不同的行為模式，最後編織出不同的人生境遇。

一個遲遲不敢做決定的人，經常是因為害怕承擔結果，只好讓拖延，壓縮自己生命的空間。但他們忘了，其實不做決定，也是一種決定。這麼做，生活會不會變得比較簡單，必須由當事人自己回答。

但可以預料的是，自己做選擇通常會比較「甘願」，無論結果好壞，都願意承擔。

所以，書裡雖然提到許多清理帶來的好處，特別是自由與掌控感，但相對的我們也得承擔更多的責任，不能再拉著別人替我們買單。例如：送婆婆去安養院的小皖，當她沒有選擇和先生一起扛起婆婆的照護工作時，未來她自己的爸媽需要有人看顧時，她也就無法要求先生提供援助，除非先生自己願意。

秀英，當她選擇離婚、帶著女兒搬離，切斷和夫家的連結時，她所要面對的財務壓力、教養責任，相對的也會比較沉重。

當你選擇獨立的生活、澎湃的夢想，不讓爸媽插手你的人生、工作、感情時，你也得接受將來有天你需要買房、有人幫忙帶孩子、當救援投手時，他們是可以冷眼旁觀的。

但你必須相信，這麼做才是對彼此都好的決定。因為當你能學會真正的獨立，他們才能懂得把重點放回自己身上，於是你會明白原來長大，就是深刻的懂了，沒有人可以什麼都要，卻不用付出代價，願意捨棄，才能夠挪出空間，重新獲得。

在關係中，「取」與「捨」是同一組出場元件，硬要拆開選購，只會付出更大的代價。深刻地付出後，仍敢放手的人，才是真正心靈自由的人。

當你敢大聲宣告：「我決定，生活裡只留下對的人」，那一刻起，你就是一個足夠成熟且清楚自己要什麼的人。這樣的果斷與堅定，將使你成為關係的主人，而不是附屬品。

不割捨，是因為你還有想得到的

之前在出版《心理界限》時，我遇到一些讀者一直跟我抱怨別人對他造成的傷害，但當我建議他可以練習設立界限時，他又有許多「可是」、「但是」。那時我不解，我以為可能是自己寫得不夠好、觀點不夠獨特，才會無法說服人行動。

但在創作這本書時，我漸漸懂了，那些人不是不懂界限，而是在比較後，他們內心深處很清楚，留在原有關係、不行動，是可以獲得更多好處的，只是表面上的自己還沒意識或不肯承認，所以持續抱怨。畢竟無人怪罪，是更痛苦的。

不設界限，少了控制權，但多了一份保障或庇護；勇於割捨，沒了依賴，卻得到更多的可能與空間。

哪一個比較划算，沒有標準答案，但唯有你為自己下決定，而不是等著別人替你安排，才是真實的存在。記得「沒有最好的選擇，只有對自己的選擇負責」，你就不容易因為害怕失敗或受傷，而做不出任何行動。

人是變動的，不同的階段有不同的渴望，重要的不是對方是誰？而是你需要什麼。

幸福，就是該割捨的不強求，該維繫的努力修復。

願你我都能越來越掌握取與捨的平衡，並明白緣分不只有一種模樣，有時離別，是為了讓關係還能活在回憶裡，在將來的某一天，有機會再度重逢。

無論是離開，還是留下，你都清楚自己為的是什麼。

心視野系列 042

我決定，生活裡只留下對的人

動手處理消耗你的人，擺脫煩雜忙的互動，過你想要的理想人生

作　　者　楊嘉玲
總 編 輯　何玉美
主　　編　王郁渝
封面設計　FE工作室
內文排版　顏麟驊

出版發行　采實文化事業股份有限公司
業務發行　張世明・林踏欣・林坤蓉・王貞玉
國際版權　鄒欣穎・施維真・王盈潔
印務採購　曾玉霞・謝素琴
會計行政　李韶婉・許俽瑀・張婕莛
法律顧問　第一國際法律事務所　余淑杏律師
電子信箱　acme@acmebook.com.tw
采實官網　www.acmebook.com.tw
采實臉書　www.facebook.com/acmebook01

I S B N　978-957-8950-63-4
定　　價　300元
初版一刷　2018年11月
初版十六刷　2023年09月
劃撥帳號　50148859
劃撥戶名　采實文化事業股份有限公司
10457 臺北市中山區南京東路二段95號9樓
電話：（02）2511-9798　傳真：（02）2571-3298

國家圖書館出版品預行編目資料

我決定，生活裡只留下對的人：動手處理消耗你的人，擺脫煩雜忙的互動，過你想要的理想人生／楊嘉玲著. -- 初版. -- 臺北市：采實文化，2018.11
216面；14.8×21公分. --（心視野系列；42）

ISBN 978-957-8950-63-4（平裝）

1. 人際關係　2. 生活指導

177.3　107015909

HEART
心 視野

HEART
心視野